# तुम्हारी जय

# तुम्हारी जय

आशुतोष शुक्ल

प्रभात
प्रकाशन

प्रकाशक • **प्रभात प्रकाशन प्रा. लि.**
4/19 आसफ अली रोड,
नई दिल्ली–110002

संस्करण • प्रथम : 2019, पुनर्मुद्रण 2023
मूल्य • तीन सौ पचास रुपए
मुद्रक • आर–टेक ऑफसेट प्रिंटर्स, दिल्ली

---

**TUMHARI JAY** *by* Shri Ashutosh Shukla ₹ 350.00
Published by Prabhat Prakashan Pvt. Ltd., 4/19 Asaf Ali Road, New Delhi-2
e-mail: prabhatbooks@gmail.com ISBN 978-93-5322-193-5

*माँ को*

*और*

*विस्मृत किए गए सनातनी पुरखों को*

*भूमिका*

# क्यों

अखबार की रिपोर्टिंग में अंग्रेजी के पाँच डब्ल्यू पढ़ाए जाते हैं—हू, वॉट, वेन, वेयर और वाई। सबसे महत्त्वपूर्ण है, वाई—क्यों। क्यों में ही छुपे होते हैं सभी उत्तर। इसलिए पाठक भी पूछ सकते हैं, यह पुस्तक क्यों?

बचपन से पढ़ते, सुनते और देखते हुए यही लगा कि न जाने क्यों अपनी परंपराओं, अपनी भाषा और अपनी संस्कृति के बारे में बात करते हुए लोग सहमे हुए रहते हैं। हमारे घर, वर्ष में एक बार तो अखंड रामायण होती और दो बार सुंदरकांड। पिताजी जातिवाद और दकियानूसी कर्मकांडों के घोर विरोधी रहे, लोहा वह जानकर शनिवार को खरीदते और घर से कहीं बाहर जाते समय बजाय शुभ-शुभ बोलने के नून-तेल-लकड़ी बोलते रहे तो मुझे बचपन में ही समझ में आ गया था कि रामचरितमानस पढ़ते हुए, अपनी स्वस्थ परंपराओं का सम्मान और हवन-यज्ञ करते हुए भी जातिवाद के कोढ़ से बचा जा सकता है और धार्मिक होते हुए भी धर्म की कुरीतियों का विरोध किया जा सकता है। एक बार जब दुनिया भर में गणेशजी की मूर्तियाँ दूध पी रही थीं, तो माँ ने इसे मूर्खता कहा। परम धार्मिक होते हुए भी उन्होंने तर्क नहीं त्याग दिया था। धर्म और आडंबर, दोनों दो सर्वथा अलग बातें हैं। फिर यह भी समझ आया कि सनातन धर्म मूल में उदारवादी, तार्किक और वैज्ञानिक है। यूनिवर्सिटी पहुँचा तो मित्रों और जीवन को बहुत उदार व समावेशी पाया।

इससे उलट समाज में एक धारा चल रही थी, जो हर उस बात का विरोध करती, जो भारतीय होती या जहाँ भी धर्म का उल्लेख आता। आम लोगों के समक्ष गलत उदाहरण रखे गए। हमेशा यह कहकर हिंदुत्व का उपहास उड़ाया जाता या उसकी निंदा की जाती कि यह धर्म 33 करोड़ देवताओं का है। यह भ्रामक बात है। देवता 33 कोटि हैं। कोटि का एक अर्थ प्रकार होता है, यानी 33 प्रकार के देव-एक

इंद्र, एक प्रजापति, आठ वसु, 11 रुद्र और 12 आदित्य। सेमिनारों में कम्युनिस्ट वक्ताओं को हिंदुत्व में खोट निकालते देखा और पुस्तकों में हर उस बात का विरोध करते देखा, जो कहीं से भी संस्कृति से संबद्ध होती दिखती। इतिहास को पढ़ते हुए और जीवन को देखते हुए यही समझ में आया कि कम्युनिस्ट इतिहासकारों ने देश के साथ बहुत अन्याय किया। यह उनका और अंग्रेजों का कमाल था कि लोग इस्लाम के पहले के भारत की चर्चा ही भूल गए। हीनताग्रंथि के शिकार अंग्रेजों ने हमारी सामाजिक संरचना को विकृत किया। उन्होंने भारत में अपने आगमन से पहले का सबकुछ मिटाने का यत्न किया। उनकी औपनिवेशिक साम्राज्यवादी नीतियों का शिकार प्राचीन भारतीय इतिहास और संस्कृति हुई। क्रूर सत्य यह है कि अंग्रेजों के एकपक्षीय इतिहास बोध को भारतीय कम्युनिस्टों ने अवांछित और अन्यायपूर्ण विस्तार दिया। ऐसा माहौल बनाया गया कि देश में जो भी अच्छा हुआ, वह या तो अरब से आया या फिर यूरोप से।

ऐसा मैं बिल्कुल नहीं कह रहा कि प्राचीन भारत में सबकुछ सर्वश्रेष्ठ था। न! ऐसा मानना सत्य का अस्वीकार होगा परंतु कमियाँ कहाँ नहीं होतीं। कौन सा व्यक्ति, समाज या व्यवस्था सर्वश्रेष्ठ होती है। जो व्यक्ति, समाज या व्यवस्था अपने को सर्वश्रेष्ठ या आलोचनाओं से परे मान लेती है, वह अपनी प्रगति के सारे द्वार खुद बंद कर लेती है। धरती आज जैसी है, वैसी पाँच करोड़ साल पहले नहीं थी। यदि हमारा आधार अपने को लगातार माँजता चल रहा है तो फिर हम भला क्या हैं, पर ऐसा भी नहीं होना चाहिए कि केवल खामियाँ देखी जाएँ या केवल उन्हीं की चर्चा की जाए। प्राचीन भारत में बहुत कुछ था, जिसकी अब बात होनी चाहिए। बहुत कुछ ऐसा था, जिसने हमें हमारा आज का स्वरूप दिया। बहुत कुछ था, जिसने हमें गढ़ा। ऐसा गढ़ा कि हम सहिष्णु और उदार समाज होते गए। हम यदि आज लोकतांत्रिक और उदार हैं तो इसके बीज बहुत पीछे जाते हैं। बहुत कुछ ऐसा था, जिसे हमसे, हमारी पिछली पीढ़ियों से छिपाया गया। इसलिए वह ईको सिस्टम बदलना चाहिए, जो कम्युनिस्टों ने इस देश में रच दिया। हमारी कोशिश होनी चाहिए कि हमारी भावी पीढ़ियाँ प्राचीन भारत की उपलब्धियों से गौरवान्वित हों।

अब सवाल कि यह पुस्तक क्यों?

अपने इतिहास और भारतीय समाज को हेठा चित्रित किए जाने से जो रोष बचपन से मन में था, 2014 में नरेंद्र मोदी की जीत के बाद देश भर में पैदा की गई स्थितियों ने उसे जाग्रत किया। मोदी क्या जीते, मानो तूफान आ गया। लगा,

जाने क्या हो गया। बुद्धिजीवियों के दल-के-दल घर, दफ्तर छोड़कर निकल पड़े। दल और देश का अंतर भुला दिया गया। मोदी और भाजपा के विरोध में भारत को सान दिया गया। केरल, बंगाल और पूर्वोत्तर की हिंसा पर चुप रहनेवाले, इमरजेंसी का समर्थन करने या उस पर चुप्पी साधे रहनेवाले···रूस, चीन और कंबोडिया के क्रूर कम्युनिस्ट शासन की सराहना करनेवाले, साहित्य को प्रगतिशीलता के नाम पर बंधक रखनेवाले गिरोह इस देश को असहिष्णु घोषित करने दौड़ पड़े। दिल्ली का कथित कुलीन वर्ग छाती पीटने लगा और भारत अचंभित और खिन्न खड़ा रह गया। यही वह बिंदु था, जहाँ मुझमें प्रतिक्रिया जागी और एक भारतीय होने के नाते मैंने अपने को असहज महसूस किया। जब अतार्किक और बदले की भावना लेकर अवार्ड वापसी होने लगी, तब मैंने अपने को अपमानित महसूस किया। भाजपा एक पार्टी है, जबकि भारत एक विचार, एक संस्कृति, एक परंपरा। इस संस्कृति की जड़ें ज्ञात इतिहास से पहले तक जाती हैं। यह सदा से सहिष्णु रहा। इसने ईश्वर पर बात की, इसने ईश्वर के साधकों की समीक्षा की, इसने अपनी आलोचना की, इसने अपने धर्म और उसकी व्यवस्थाओं पर कड़े प्रश्न उठाए और इसने विचारों को महत्त्व दिया। कभी बुद्ध, कभी महावीर और कभी कबीर के रूप में इसने अपने भीतर से आंदोलन पैदा किए और उनके सार को ग्रहण किया। इसने सबको अपनाया, इसने सबको सरल-सहज रखा, इसने धर्म को बाध्यकारी नहीं बनाया, इसने कुछ भी थोपा नहीं। धर्म यहाँ आचरण हो गया। इसने कहा—सब सुखी हों, निरोगी हों, किसी को दुःख न हो। इसने कहा—विश्व हमारा कुटुंब है।

भारत यदि लोकतंत्र है तो हजारों वर्षों की अपने बहुलतावादी सोच के कारण, अपने बहुसंख्यकों के कारण, सर्वे भवन्तु सुखिनः की आत्मा के कारण, परंतु एक दल से हिसाब चुकता करने के लिए एक विचार की बलि देने का जब संगठित और सामूहिक प्रयास हुआ तो मैंने अपने को आहत महसूस किया। जब भाजपा से लड़ाई जीतने के लिए पहले हिंदू आतंकवाद, फिर भगवा आतंकवाद और फिर हिंदू तालिबान के नारे उछलने लगे तो मैंने अपने को अपमानित महसूस किया। भगवा पवित्रता का सूचक है और अग्नि का रंग है, किंतु जब एक मौसमी बुद्धिजीवी अभिनेता की पत्नी को भारत में डर लगने लगा तो मैं निराश हो गया। जब इस अभिनेता की फिल्म सुपरहिट हो गई तो मैंने सोचा कि क्या इन्हीं प्यार करनेवाले देशवासियों से उसकी पत्नी डरती थी! तब मैंने अपने को अपमानित महसूस किया। मैंने देखा, कैसे जेएनयू से लेकर सोशल मीडिया, विश्वविद्यालयों और सड़कों तक

कम्युनिस्ट गिरोह सक्रिय हो उठे। जब 'भारत तेरे टुकड़े होंगे' कहा गया और जब उस पर कथित बुद्धिजीवी किलकारियाँ मारने लगा तो मैंने अपने को आहत महसूस किया। इतिहास मिटानेवाले जब इतिहास मिटने का रोना रोने लगे तो मैं असहज हुआ और तब वही किया, जो कर सकता था। तब कलम उठाई।

यह पुस्तक चार वर्षों में लिखी जा सकी है। अपनी नौकरी के साथ। कभी दफ्तर जल्दी आकर, कभी देर तक रुककर और कभी घर में। पहले फेसबुक पर कुछ लिखा। लिखता गया, मिटाता गया और फिर-फिर लिखता गया, लेकिन बेचैनी बढ़ती गई। यह बात बार-बार चुभती कि क्यों? जिस देश में लगातार सभ्यताएँ आती गईं, बसती गईं, वही आज अचानक असहिष्णु हो गया! जो भारतीय विदेशों में सभ्य माने जाते हैं, उन्हें उनके ही देश में असहिष्णु कहा गया!

इतना बड़ा षड्यंत्र!

राजनीतिक दल राजनीति ही करेंगे। कभी कम, कभी अधिक करेंगे। कभी हम उनसे निराश होंगे तो कभी खुश होंगे, लेकिन जब राजनीति के साथ आभिजात्य ने हाथ मिला लिया और निरर्थक, निराधार विलाप करने लगा, तब मैंने अपने को असहज महसूस किया। मेरी शिकायत या मेरी चिंता बस इतनी है कि उन्हें जो करना है, करें पर इसमें भारत को अनुदार या असहिष्णु बताने की कुचेष्टा न करें, क्योंकि वह ऐसा नहीं। हमारा सबके प्रति सम्मान है। हमारा किसी से विरोध नहीं। सभी पूजा पद्धतियाँ हमारे लिए श्रद्धेय हैं। सभी विचार हमारे लिए सम्माननीय हैं। वैचारिक उदारता की अनंत कथा है सदा सहिष्णु भारत। हम बस इतना चाहते हैं कि हमारा भी सम्मान हो, हमें असहिष्णु घोषित करने के प्रयास बंद हों और सनातन भारत का मूल्यांकन तटस्थ दृष्टि से किया जाए।

मेरी भला क्या बिसात, जो भारत के बारे में कुछ कहूँ या लिख सकूँ। मैंने तो बस पुस्तक में उन छोटी-छोटी बातों को सामने लाने की कोशिश की है, जिन्होंने हमारा निर्माण किया—एक व्यक्ति, एक समाज और एक देश के रूप में। मैंने बहुत साधारण समझी जानेवाली बातों पर कुछ लिखने का साहस किया है। इन्हीं बातों की बदौलत हम सरल हैं। इन्हीं बातों के दम पर हम व्यापक और गहरे हैं। इन्हीं का दम है, जो सदियों की दासता और उत्पीड़न भी हमें हमसे अलग नहीं कर सके। हम वैसे ही सहज रहे, जैसा हमारे पूर्वजों ने हमारे बारे में सोचा था, जैसा हमें गढ़ा था। इसलिए यह पुस्तक हमारी गढ़न की छोटी सी कहानी है। पुस्तक में कई विद्वानों के नाम आए हैं। उन सबको मेरा आभार और प्रणाम। कथाभूमि कानपुर है। वह

अद्‌भुत नगर प्रगति करे, यह प्रार्थना है प्रभु से। पुस्तक संवाद शैली में है। संवाद भारतीय चिंतन परंपरा में महत्त्वपूर्ण है। हमारे सभी प्रमुख ग्रंथों में संवाद की बहुलता है। जो कहना चाहता था या कह पाया, वह यदि लेखों में कहता तो वे दुरूह और नीरस होते। युवाओं को माध्यम बनाया तो इसलिए कि यदि वे इसे पढ़ें तो अपने पूर्वजों पर उन्हें अभिमान हो और प्राचीन भारतीय संस्कृति और इतिहास पढ़ने की उनमें जिज्ञासा हो।

यह पुस्तक देश के अभिमान को कुचलने की कम्युनिस्ट कोशिशों के विरुद्ध उद्‌घोष है। करोड़ों अन्य लोगों की तरह मुझे अपने देश, अपनी भाषाओं, अपनी सभ्यता, अपनी उत्तर से दक्षिण और पूर्वोत्तर से पश्चिम तक की संस्कृति पर अभिमान है और उनकी तरह मैं भी आहत हूँ। हाँ, जितना आहत होता हूँ, उतना ही अपने सनातन मूल्यों और संस्कृति के प्रति दृढ होता जाता हूँ।

भारत हमारा गुरु है। यह पुस्तक मेरी गुरुदक्षिणा है।

देव! यह स्वीकार हो¨ !

# अनुक्रम

# पत्थर ने दहला दिया

रात के सन्नाटे में दुकान के शटर से उस बड़े पत्थर के टकराने का शोर इतना तेज था कि अगल-बगल के घरों में सोते लोग हड़बड़ाकर जाग उठे। पहले एक पत्थर आया, फिर कई पत्थर शटर पर बजे, कुछ शोर हुआ और फिर कुछ गिरने की आवाज आई। डरे-सहमे लोग हिम्मत नहीं कर पा रहे थे कि बाहर झाँककर देखें और सच का पता लगाएँ। उत्सुकता पर भय हावी था। तीन दिन से कर्फ्यू लगा होने के बाद भी हिंसा थम नहीं रही थी। उपद्रवी मौके की तलाश में रहते। कितने ही लोगों ने अपनी खिड़कियों से बीती शाम, बीच सड़क पर एक हत्या होते देखी थी। पचास-बावन साल का एक आदमी शाम के गहराते धुँधलके में काट दिया गया था। किस्मत का मारा घंटाघर की तरफ से आ रहा था, जब बलवाइयों ने उसे घेर लिया। नाम पूछा और काम तमाम। लंबी सड़क के दोनों किनारों पर खड़ी पुलिस जब तक जान पाती, दंगे के खाते में एक और निर्दोष मौत चढ़ चुकी थी। इसके बाद भला किसकी हिम्मत थी, जो घर से झाँक भी लेता। पुलिस की सख्ती इतनी कि मेस्टन रोड की इस पटरी से उस पटरी तक जाना भी पहाड़ की चढ़ाई। कल किसी बच्चे ने घर से झाँका भर था कि सिपाही चढ़ दौड़े।

अब लोगों को रोजमर्रा की चीजों की कमी होने लगी थी। दूध तो सुबह घरों के आगे लाइन लगाकर पुलिस दिलवा देती, लेकिन घर में और दस चीजें चाहिए होती हैं। दवा का नंबर पहला। लोग परेशान थे और उधर बिजली अलग पहेली बनी थी। वैसे भी कानपुर में बत्ती राशन दुकानों में गेहूँ, तेल की तरह कभी-कभी ही आती। आती तो जनता खुश हो जाती। वह तो गनीमत थी, जो सर्दियाँ थीं, वरना तो लोग बंद घरों में उबल जाते। मानवता की परीक्षा के ऐसे ही कड़े समय में दिसंबर, 1992 की रात करीब साढ़े तीन बजे पत्थरबाजी की यह घटना होती है। अयोध्या में बाबरी मस्जिद गिरने के बाद देश भर में दंगे शुरू हो गए थे। कानपुर भी उन्हीं शहरों

में था, जहाँ सांप्रदायिक हिंसा उफान पर थी और साइकिल मार्केट में हुई हत्या के बाद पूरा शहर अराजकता की चपेट में था।

शिवाला कानपुर की जान है। यूँ तो शहर में अनगिन मॉल और महँगे शोरूम हैं, लेकिन शिवाला के बाजार में गए बिना खरीदारी अधूरी। बिंदी-चूड़ी हो या महँगी साड़ी और जेवर, कानपुर में हर सवाल का एक जवाब—शिवाला। शिवाला से जब आप मेस्टन रोड में दाखिल होते हैं तो पहले बाएँ हाथ पर कानपुर नगर कोतवाली पड़ती है और फिर उसी हाथ पर बस सौ कदम दूर, कांग्रेस पार्टी का दफ्तर। आगे चलें तो दोनों तरफ बंदूकों की दुकानें मिलेंगी। सड़क के दोनों ओर खूबसूरत मेहराबदार गलियारे हैं। अतिक्रमण के शिकार इन गलियारों में चलना बहुत तसल्ली देता है। मेस्टन रोड आगे, जहाँ एक लंबी सड़क को टक्कर मारती है, उसके बाईं तरफ हालसी रोड है, जो रेलवे स्टेशन जाती है और दाहिनी तरफ की सड़क परेड को जाती है। ठीक इसी जगह से काफी आगे, दाहिनी तरफ रात साढ़े तीन बजे पथराव की यह वारदात हुई। डरे हुए लोग काफी देर तक साँस रोके प्रतीक्षा करते रहे। उन्हें लग रहा था, अभी कुछ और होगा। शायद पुलिस आए, शायद गोली चले, पर जब कुछ नहीं हुआ तो धैर्यवान भारतीय मन फिर शांत हो गया और मनबुझौवल करते लोग सोने चले गए। किसी को नींद आई और किसी की आँखों में रात कटी।

वहीं गली में रहता था गुप्ता परिवार। गुप्ताजी का होलसेल होजरी का काम था। बहुत पैसेवाले नहीं थे, पर जीवन चैन से कट रहा था। तीनों बच्चों को अच्छे स्कूलों में पढ़ाते और महीने में एक बार सपरिवार सिनेमा देखना और बाहर खाना बरदाश्त कर लेते। संतोषी थे। मृदुभाषी और साक्षर थे। उनकी साक्षरता कानपुर विश्वविद्यालय की जगप्रसिद्ध डबल एम.ए. वाली नहीं थी, बल्कि वे मन से और सही वाले साक्षर थे। वैसे तो बी.ए. थे, लेकिन अध्ययन-प्रेमी थे। हमेशा कोई पुस्तक साथ रखते और जिसे मौका लगा तो गद्दी पर ही निपटा देते। पत्नी आम गृहस्थन, जो हफ्ते में तीन व्रत परिवार कल्याण के लिए रखतीं और यूँ अपने को विटामिन और पौष्टिक भोजन से दूर रखने में सफल हो जातीं। यह समझने को वह तैयार नहीं थी कि एक माँ, एक लड़की, दो लड़कों और पति-पत्नी, यानी कुल छह लोगों के इस सुखी परिवार में वे भी शामिल हैं और उनका स्वस्थ रहना भी उतना ही आवश्यक है, जितना पति या तीनों बच्चों और माँ का। खैर! यह तो हर भारतीय स्त्री की समस्या है, जो अपने को परिवार के अंत में गिनती है। पता नहीं, गिनती भी है या नहीं।

पर ठहरिए! क्या हम श्रीमती गुप्ता की कथा सुनने बैठे हैं, नहीं? क्या यह दंगे की कथा है? नहीं! क्या यह दंगे के पहले और बाद की कहानी है? बिल्कुल भी नहीं! क्या यह कानपुर के भुला दिए गए औद्योगिक वैभव की कहानी है? नहीं!

तो फिर यह है क्या?

असल में, कथाकार भारत की कहानी कहना चाहता है। उन छोटी-छोटी बातों की कहानी, जो आम लोगों को प्रभावित करती हैं, जो उनके जीवन की दशा-दिशा तय करती हैं और जो ऐसा हजारों सालों से करती आ रही हैं। लोग जाने बिना उन्हें जीते हैं और जीते चले जाते हैं। धर्म की परिभाषाएँ उनके लिए नहीं, धर्म की गूढ़ व्याख्याएँ उनके लिए नहीं। लहरों की तरह पीढ़ियाँ आती रहती हैं और ऐसे ही शताब्दियाँ, सहस्राब्दियाँ बीत जाती हैं। सादा जीवन उच्च विचारवाली भावना के साथ लोग पूरा जीवन काट जाते हैं। इस पूरी प्रक्रिया में धर्म उनके आड़े नहीं आता। धर्म उनके लिए अफीम नहीं, धर्म उनके लिए साध्य नहीं। धर्म उनका लक्ष्य नहीं। धर्म आचरण बनकर उनके जीवन में घुल चुका है। धर्म अनिवार्य नहीं सहज है। लोगों का जीवन, रहन-सहन, आचार-विचार जैसी छोटी-छोटी बातें उन्हें गढ़ती जाती हैं। उन्हें सहिष्णु, उदार और जीवंत बनाती जाती हैं।

इसलिए यह कथा भारत की है।

पाठक पूछ सकते हैं कि क्या कहानी में और पात्र भी हैं। होने तो नहीं चाहिए। जब नायक भारत नामक विचार है तो शेष पात्रों के होने का कोई मतलब नहीं रह जाता, लेकिन मान लें पाठकों ने जिज्ञासा की कि नायक है तो प्रतिनायक कौन हुआ? उसके बिना कथा आगे कैसे बढ़ेगी। इसलिए प्रतिनायक भी है। इस कथा का खलनायक हमारे भीतर है, लिहाजा हमें ही इसका नाश करना है और इस अर्थ में हम भी नायक हैं। आप और हम। वे कुरीतियाँ खलनायक हैं, जो यदि न हों तो धर्म का रंग और प्रखर हो, तो भारत नामक विचार और पुष्ट व प्रखर हो। इससे पहले कि धर्म की ये कुरीतियाँ भस्मासुर हो जाएँ, हमें इनका नाश करना होगा।

कहानी में दो पात्र और हैं। उन्हें सहनायक, सहनायिका कहा जा सकता है। लेखक तो उन्हें सूत्रधार कहना चाहता है, पर कथा, कहानी, नाटक के प्रचलित नियमों से बँधा है, लिहाजा सहनायक और सहनायिका कहना उसकी विवशता हो गई। वैसे भी जब एक कन्या का प्रवेश कहानी में हो चुका है तो उसका कोई संगी भी होना चाहिए। शक्ति है तो शिव भी होंगे ही। शिव और शक्ति के बिना सृष्टि कहाँ, पर इस पूरी कथा में प्रधान है वह भारत नामधारी स्वर, जो न जाने कब से

मानवता को सिंचित करता आया है, अपने प्रेम, अपनी सेवा, अपने संगीत, अपनी ऋषि परंपरा, अपने अध्यात्म और अपने दर्शन से। हम यूँ कह सकते हैं कि भारत की यह कथा सहनायिका सुना रही है। सहनायक कथा के विस्तार के लिए लाया गया है। इसलिए वह लड़की के साथ-साथ या पीछे-पीछे तो चलता है, उससे आगे नहीं जा पाता। पाठक इसमें नारी मुक्ति आंदोलन देख सकते हैं, परंतु लेखक ने यह सब नहीं सोचा। वह तो बस यह मानता है कि घर, समाज या देश की प्रगति स्त्री के साक्षर, सशक्त और घर से निकले बिना नहीं हो सकती।

लौटते हैं, दिसंबर, 1992 की उसी काली रात में। सुबह छह बजे गली के घरों में हलचल शुरू हुई। बाहर तो जाया नहीं जा सकता था, पर दिन में खिड़की या गली के भीतरवाले दरवाजे खोलने पर पाबंदी भी नहीं थी। दिन में, लोग गली में टहल भी लेते। हाँ, गली से निकलकर सड़क पर झाँकने की सख्त मनाही थी। श्रीमती गुप्ता आदतन दरवाजा खोलने चली गईं तो देखा, वह पहले से खुला है। मारे डर के उनका आलस फुर्र। दौड़कर दरवाजे पर पहुँचीं और बाहर झाँका तो देखती हैं, उनकी आठ बरस की बिटिया चली आ रही है। हाथ में उसके पानी का गिलास है। अब तो श्रीमती गुप्ता के होश उड़ गए। कोहरा बहुत था, फिर भी उन्हें लगा, गली में कोई और भी है। पहले तो डरीं, पर जब आँख गड़ाकर देखा तो समझ में आया कि जो कोई भी है, वह गली में लेटा हुआ है तो डर कुछ कम हुआ। तब तक बेटी आ गई और उससे माँ को पता चला कि गली में पड़ा व्यक्ति कोई पुलिसवाला है, जिसके खून निकल रहा है। श्रीमती गुप्ता भागकर पति को जगाने गईं, जो पत्नी के साथ मिलकर घायल पुलिसवाले को घर में घसीट लाए। उसके बाद की कथा संक्षेप में यह कि घायल पुलिसवाला सिपाही था, जिसे रात को सड़क पर गश्त के समय कुछ दंगाइयों ने पकड़ लिया था। उन्होंने उसका मुँह बंद करके खूब पीटा और फिर जान लेने ही वाले थे कि वह किसी तरह भाग छूटा। उपद्रवियों ने दौड़ाया तो इस गली में छुप गया और चोट लगने और खून बह जाने के कारण बेहोश हो गया। घंटे, दो घंटे बाद आँख खुली तो उतनी सर्दी में भी अपना गला सूखता पाया। उधर, गुप्ताजी की बेटी की आँख रात के हंगामे में जो खुली, तो फिर वह सो नहीं सकी थी। नींद तो उसे आ नहीं रही थी, पर माता-पिता की नींद न उचटे, इस खयाल से वह बिस्तर पर बेआवाज उलटती-पलटती रही। सिपाही के कराहने की आवाज सुनकर वही घर से बाहर निकली।

बाल मन कई प्रकार के डरों से मुक्त होता है। बड़ा तो पाँव न रखता बाहर।

फिर सिपाही के बताए गुप्ता परिवार को पता चला लड़की ने न केवल सिपाही को पानी पिलाया, बल्कि घर से ले जाकर उसके हाथ-पाँव में दवा भी लगा दी थी। गुप्ता परिवार को अपनी बेटी पर गर्व हो आया। तत्काल गुप्ताजी गली से निकले और कर्फ्यू की चिंता किए बिना कोतवाली चल दिए। तब पुलिस की गाड़ी आई और सिपाही को अस्पताल पहुँचाया जा सका, जहाँ चार दिन भर्ती रहने के बाद उसकी छुट्टी हुई। कर्फ्यू हटने के बाद सिपाही गुप्ताजी के घर कृतज्ञता ज्ञापित करने आया। वह बिटिया से बहुत प्रभावित था। उसके लिए फल लाया। फिर वह अपनी ड्यूटी पर लौट गया और गुप्ता परिवार का जीवन अपनी गति चल पड़ा। बच्चे पढ़ने लगे। बेटी सबसे बड़ी थी और पढ़ने में बहुत होशियार निकली। उधर, दस-बारह वर्ष बाद कच्ची गृहस्थी छोड़, गुप्ताजी स्वर्गवासी हुए। बेटी ने तभी से भाइयों की चिंता की। अभी चार महीने पहले श्रीमती गुप्ता भी पति का ध्यान रखने, उनके पास चली गईं।

यहाँ से आरंभ होती है, यह कथा।

**कानपुर**
**दिसंबर 1992**

□

# क्या यह प्रेम कथा है

## सोमवार, सुबह दस बजे

लड़की के मोबाइल फोन पर मैसेज आता है—

आपकी माँ के देहावसान की सूचना मिली। दुःख हुआ। भगवान् उनकी आत्मा को शांति दे।

"आप कौन? मैंने पहचाना नहीं।" लड़की ने जवाबी मैसेज भेजा।

"मैं···माधव"

"कौन माधव? मैं किसी माधव को नहीं जानती।"

"आप मुझे नहीं जानतीं, पर मैं आपको जानता हूँ। मेरे पिता आपको जानते थे।" लड़के का लिखित जवाब आया।

**लड़की :** आपके पिता!

**लड़का :** मेरे पिता वे सिपाही थे, जिनको कभी आपने दवा लगाई थी और पानी पिलाया था।

लड़की का जवाब इस बार लंबा आता है—अच्छा!! आप रामसुमेर चाचाजी के बेटे हैं। कैसे हैं वे। आपके पिताजी जब भी कानपुर आते हैं तो मुझसे जरूर मिलते हैं। जब उन्हें पता चला, मुझे पढ़ने का शौक है तो पुस्तकें लाने लगे। मुझसे जिद करके पूछते हैं, कौन सी पुस्तक चाहिए और वही लाते हैं। बहुत अच्छे हैं वे।

**लड़का :** पिताजी तो अब रहे नहीं।

**लड़की :** अरे कब !

इस बार लड़का लंबा संदेश टाइप करता है। उधर लड़की विचलित हो रही है।

**लड़का :** छह महीने हुए। हमारे पास आपका नंबर नहीं था। काफी दिन बाद पापा की डायरी से आपका लैंडलाइन नंबर मिला। इतने

दिन बाद बात करने में मुझे संकोच हो गया, पर कल किसी से आपकी माताजी की खबर लगी तो मन कर गया कॉल करने का। आप घर में थीं नहीं, तो यह मोबाइल नंबर दिया किसी बच्चे ने।

**लड़की :** भतीजा होगा मेरा। आपको मुझे पहले बताना चाहिए था। मुझे बहुत दु:ख हो रहा है।

**लड़का :** जी, समझता हूँ। हमारे परिवारों के मिलने का भले कोई संयोग नहीं बन सका, पर मेरा पूरा घर आपको जानता है। पिताजी आपको बहादुर बेटी कहकर बुलाते थे।

इतना पढ़ने के बाद लड़की और मैसेज नहीं कर पाती। उसे रोना आ गया। बचपन की वह भोर, फिर उसके मन में कौंध गई। सिपाही से मिली ममता और स्नेह की स्मृतियाँ उसे विकल कर रही थीं। फिर उसे अपने माता-पिता की भी बहुत याद आ गई तो उसने फोन एक किनारे खिसकाया और आँखें बंद कर, चुपचाप लेट गई।

इन संदेशों के आदान-प्रदान के बाद लड़का-लड़की में फिर कोई बात नहीं हुई। होने का अर्थ भी नहीं था। उनमें कोई परिचय तो था नहीं।

पाठको! लड़का, वास्तव में लड़का कहलाने लायक उम्र का नहीं है। 35 बरस का है, किंतु कुँवारा है और अपने देश में उमर चाहे कितनी हो, शादी के लिए जाएगा तो 55 सालवाला भी लड़का ही कहलाएगा। लड़का सरकारी डॉक्टर है और महीने भर पहले ही हैलेट अस्पताल में तबादला होकर आया है। वैसे तो उसका पेशा ऐसा कि पढ़ना विज्ञान होता है और समय मरीजों को जाता है, पर यह लड़का कुछ अलग-सा है। बचपन से मेधावी व विचारशील है और पढ़ने का बहुत शौकीन। तकनीकी युग का है, फिर भी प्रिंटेड पुस्तकों का दीवाना, यानी फोन या लैपटॉप पर नहीं, बल्कि खरीदकर पुस्तकें पढ़ता है। लड़की विदुषी और विनोदप्रिय है। ओजस्वी वक्ता और अध्ययन प्रेमी है। भारतीय इतिहास और संस्कृति की अपूर्व अध्येता है। आचार्य नरेंद्र देव डिग्री कॉलेज में पढ़ाती है। पिता के बाद घर सँभाला और विवाह नहीं किया। घरवाले मानने लगे हैं कि अब शायद करेगी भी नहीं। लड़की भी लड़के जितनी ही आयु की है, लेकिन हम उसे भी उन्हीं कारणों से लड़की कहेंगे, जिस लिये लड़के को लड़का कहेंगे।

तीन महीने बीत चुके हैं। लड़का एक रविवार फुरसत में घर बैठा है। वास्तव

में वह उदास था क्योंकि चार दिन बाद दीवाली थी और यह पहला मौका था, जब पिता उसके साथ नहीं थे। उन्हीं को याद करते-करते उसे लड़की का ध्यान आ गया तो उसने उसे त्योहार का एक बधाई संदेश भेज दिया।

**लड़की** : आपको भी दीवाली की बधाई। आज कहाँ से आप भटक पड़े।

पाठको! यह कोई प्रेम कथा नहीं है, जो एक बार लड़का-लड़की मिले तो फिर चालू हो गए। इस संक्षिप्त संवाद के बाद दोनों में कोई संपर्क नहीं होता। लड़का संकोच करता और लड़की को उसके बारे में कुछ याद ही नहीं रह गया। यह एपिसोड भी पहले वाले की तरह उसकी स्मृति से मिट गया। ऐसे ही, दो महीने बीत जाते हैं और फिर आता है नया साल। लड़का नए साल का बधाई संदेश देता है।

**लड़की** : नव वर्ष आपको भी बहुत खुशियाँ दे। बहुत अच्छा जाए, आपका यह वर्ष।

लड़की का जवाब आने के बाद लड़का उसके घर का पता माँगता है। थोड़ी ना-नुकुर के बाद लड़की पता वाट्सएप कर देती है, लेकिन उसके आश्चर्य का तब ठिकाना नहीं रहता, जब अगले ही दिन कूरियर से उसे एक पुस्तक मिलती है। पुस्तक के साथ नत्थी एक सुंदर कार्ड पर लड़के का नाम लिखा होता है और साथ में यह लाइन—

नववर्ष पर मेरे पिता की ओर से उनकी बेटी को… ।

पढ़कर लड़की भावुक हो जाती है। पुस्तक है—डॉ. रामधारी सिंह दिनकर की 'संस्कृति के चार अध्याय।'

**लड़की** : बहुत आभार आपका। आप अपने पिता जैसे ही हैं। यह पुस्तक तो अनमोल है। आजकल मेरे पास नहीं थी। कोई माँगकर ले गया था और फिर वापस करना भूल गया। अब आपने भेज दी।

**लड़का** : मुझे खुद यह बहुत पसंद है तो आपके लिए उचित लगी।

**लड़की** : हम्म… ! संस्कृति में रुचि है आपकी ?

**लड़का** : बहुत।

**लड़की** : बढ़िया। वैसे भी यह समय सभ्यताओं के संघर्ष का है।

**लड़का** : कैसे ?

**लड़की** : धर्म को बहुत व्यापक और वैश्विक रूप दें और तब देखें।

**लड़का** : समझ रहा।

इसके बाद यह संवाद बंद। अचानक एक दिन संयोग से लड़के को पता

चलता है कि लड़की का गुरु नानक डिग्री कॉलेज में व्याख्यान है। पिता के बताए यह तो लड़के को मालूम ही था कि लड़की अध्यापक है। वह लड़की को पहचानता नहीं था। लड़की को सुनने से अधिक उसके मन में उसे देखने और उससे मिलने की चाह थी। बचपन में लड़की ने उसके पिता की जो मदद की थी, उसके कारण लड़का लड़की के प्रति कृतज्ञता भाव रखता था। पिता जब भी कानपुर से लड़की के घर होकर आते, लड़की की बुद्धिमानी की कहानियाँ सुनाते। इसलिए लड़के का उत्सुक हो जाना स्वाभाविक था। लड़का कॉलेज पहुँचता है तो देखता है, जिस हॉल में सेमिनार होना है, उसके दरवाजे पर गार्ड खड़े हैं और जो केवल निमंत्रण कार्ड पर भीतर जाने दे रहे हैं। लड़के के पास कार्ड तो था नहीं। वह गार्ड से चिरौरी करता है, लेकिन वह नहीं सुनता। उसका एक ही तर्क कि, "साहब! यह लड़कियों का कॉलेज है और प्रिंसिपल बहुत सख्त हैं।" मन मारकर लड़का लौट जाता है। वापसी में उसकी आँख ऑफिस के पास लगे एक बैनर पर जाती है। बैनर पर विषय और वक्ता के नाम लिखे थे—भारत क्या है : शेफाली, मुख्य वक्ता। लड़का चमत्कृत। आया तो वह व्याख्यान ही सुनने था, फिर भी लड़की मुख्य वक्ता निकलेगी, यह जानकर उसे सुखद आश्चर्य हो रहा था।

अगले दिन वह शाम, करीब सात बजे लड़की को मैसेज करता है—

**लड़का** : कल आपको सुनने गया था, पर गार्ड ने बैरंग लौटा दिया।

**लड़की** : कहाँ गए थे, गुरु नानक कॉलेज?

**लड़का** : जी।

**लड़की** : अरे! तो मुझसे कहना चाहिए था। कुछ बाहरी लोगों को आमंत्रण दिया तो गया था।

**लड़का** : अब क्या कहूँ। बहरहाल, आपका विषय बहुत अच्छा था।

**लड़की** : बनारस गए हैं, आप?

**लड़का** : कई बार।

लड़की कुछ तो फुरसत में थी और कुछ उसे लड़के के लिए बुरा लग रहा था कि बेचारा इतनी दूर सुनने गया, पर गेट से ही भगा दिया गया। उधर, लड़का कल के विषय पर चर्चा के लिए अधीर था। लिहाजा दोनों में चैटिंग होने लगती है।

**कानपुर ( 2017 )**

□

# कुछ कह रही है काशी

**लड़की** : बनारस में एक वाक्य आम चलता है—'बाबा सुत्तल हउवन'।

**लड़का** : जी! बाबा विश्वनाथ के कपाट जब दिन में बंद हो जाते हैं तो…

**लड़की** : सारी दुनिया के शिव बनारस में बाबा हैं। बाबा सो रहे हैं, बाबा खा चुके और बाबा के दर्शन हो गए। जिन महादेव के तीसरे नेत्र का भय देवताओं को उनकी सीमा में रखता, उन्हीं को जो संस्कृति अपने घर परिवार का मान ले, उनके बारे में ऐसे बात करे, जैसे घर के किसी सदस्य के बारे में होती है तो उस संस्कृति की उदारता अनंत हुई। अब तो काशी की प्राचीनता के पुरातात्त्विक प्रमाण मिल रहे हैं। जब काशी इतनी पुरानी है तो भारतीय सभ्यता के संस्कार खोजने हम कहीं और क्यों जाएँ, एक राष्ट्र की विशाल हृदयता के चिह्न हम काशी में क्यों न देखें?

**लड़का** : ठीक कह रही हैं, आप।

**लड़की** : तो आइए आज कुछ बात ईश्वर की करते हैं।

जैसे, यह देखें—

**महादेव कइसन हउवा**

**हम त ठीक हई महादेव। तू बतावा।**

पूछनेवाला और बतानेवाला दोनों ही एक-दूसरे को महादेव कह रहे हैं। बनारस में सब महादेव हैं। बाहरवाला सुने तो चकरा जाए। साधारण और दुनियादार लोगों को भला यह छूट किसने दे दी या यूँ कह लें कि उन्होंने यह छूट ली कैसे और किससे ली? किसने दिया उन्हें यह अधिकार कि वे अपने को शिव की संज्ञा दे दें? शिव कल्याणकारी हैं, परंतु क्रोधी भी हैं। कामदेव को भस्म कर देते हैं, पर इतने भोले भी हैं कि भस्मासुर उनके पीछे पड़ जाता है तो दौड़े-दौड़े घूमते हैं।

**लड़का** : अद्भुत। पढ़ने–सुनने में यह भले ही साधारण बात लगती है, पर इसके भीतर उतरें तो संस्कृति के प्रसार की गहरी तहें खुलने लगती हैं।

**लड़की** : बहुत से कृष्ण भक्त, कृष्ण को अपने जैसा मान लेते हैं। मीरा और चैतन्य महाप्रभु जैसे अनेक उदाहरण हमारे सामने हैं। मेरे एक पड़ोसी के घर कहा जाता है—'लाला ने भोजन कर लिया, लाला विश्राम करने चले गए, लाला बस अभी उठनेवाले हैं।' लाला, यानी कृष्ण। लाला उनके घर के वैसे ही एक सदस्य हैं, जैसे बाकी सब लोग। मथुरा, वृंदावन में तो इस तरह के अनेक उदाहरण मिल जाएँगे। जिस देश में शिव और कृष्ण को भक्त मंदिर से निकालकर अपने घर ले जाता है, उसे समझने के लिए दृष्टि भी उदार व सहिष्णु चाहिए। इसे समझने का यत्न करें। यह बड़ी बात है। हमारे संस्कारों में घुली उदारता का इससे बड़ा प्रमाण और क्या हो सकता है कि अपने आराध्य को हम अपने आसपास बुलाकर अपने जैसा मान लें।

**लड़का** : भारत की बड़ी गहरी परिभाषा है।

**लड़की** : गणेश हैं, जो लोक के सबसे बड़े देव हैं। काशी में शिव यदि बाबा हैं तो उनके ये पुत्र भिन्न अवसरों पर भिन्न रूप धारण कर लेते हैं। क्रिकेट का मौसम है तो महाराष्ट्र में उनकी मूर्तियाँ बैट्समैन हो जाती हैं और फुटबॉल फीवर चल रहा है तो कोई उन्हें ब्राजील की जर्सी पहना देता है और कोई अर्जेंटीना की।

लड़का हँसने का आइकॉन मैसेज करता है।

**लड़की** : हम जिनकी उपासना करते हैं, जिनसे सुखी जीवन का वरदान माँगते हैं, उनके मानवीकरण का यह विभोर कर देनेवाला साहस आता भला कहाँ से है। सभी देवताओं में सर्वप्रथम जिसकी पूजा होती है, वह देवता कैसे कभी लेखक तो कभी खिलाड़ी बना दिया जाता है। इसीलिए तो गणेश मोहक हैं, भोले हैं और सरल हैं। उनके जैसा कोई और नहीं। कभी सोचा है आपने माधवजी कि पर्वतों पर रहनेवाले जटाधारी शिव, जिनके पास सांसारिक सुख–सुविधाओं का कोई साधन नहीं, वह क्यों

स्त्रियों के काम्य हैं और क्यों उनके जैसे पति की कामना में लड़कियाँ सोमवार का व्रत करती हैं।

**लड़का** : क्यों?

**लड़की** : क्योंकि शिव प्रतीक हैं, अगाध पत्नी प्रेम के। कृष्ण का उदाहरण देखें। वह राम की तरह राजकुमार नहीं जन्मे। एक गोपाल का अवतारी बन जाना इस बात को पुष्ट करता है कि श्रेष्ठ कर्म व्यक्ति को कहीं-से-कहीं पहुँचा सकते हैं। कृष्ण के जीवन में केवल उपलब्धियाँ नहीं थीं। जरासंध के लगातार हमलों के कारण, वह मथुरा छोड़, द्वारिका चले जाते हैं। वहाँ उनका एक नाम रणछोड़ हो जाता है। उन्हें ताने दिए जाते हैं, पर फिर द्वारिका उनके अपूर्व कौशल की साक्षी बनती है। द्वारिका में रहते हुए कृष्ण विश्व पुरुष हो जाते हैं। जहाँ समस्या, वहाँ माधव। कर्म ही हैं, जो एक वानर को संकटमोचक बना देते हैं—कपि संकटमोचन नाम तिहारो। आचार्य क्षितिमोहन ने कहीं लिखा था कि, 'भारत में, धर्म का विकास वृक्ष के रूप में हुआ। इसमें अपने आप ही फूल आए और शाखाएँ फूटीं। पुराने पत्ते झरते गए और नए आते गए।'

लड़का मैसेज करता है—अद्‌भुत।

**लड़की** : मुझे आर्यावर्त की वैचारिक उदारता का एक कारण यह समझ में आता है कि यहाँ ईश्वर का भी क्रमिक विकास हुआ। ऋग्वेद के समय विष्णु को सोम, अग्नि या इंद्र जैसा महत्त्व नहीं प्राप्त था। बाद में ब्राह्मण ग्रंथों में उन्हें पालनकर्ता कहा जाने लगा। कोई मत, कोई ईश्वर एक दिन में नहीं जन्मा। ईश्वर, अवतार, मत या संप्रदाय सब सैकड़ों वर्षों में विकसित हुए। हमारी सभ्यता और संस्कृति में लचीलापन इसी कारण आया। ग्राम गणराज्यों के हमारे इस देश में नचिकेता की जिज्ञासा और गार्गी की निर्भीकता थी। इसीलिए हम सनातनियों के व्यवहार में कुशन आया, सहनशीलता आई।

**लड़का** : शायद यही कारण है कि हमारे यहाँ धर्म, धर्म नहीं रह गया, आचरण हो गया, जीवन शैली हो गया।

**लड़की** : व्यास ने कहा है—

**धारणाद् धर्मः इत्याहुः धर्मो धारयति प्रजाः**

जो धारण किया जाए, वह धर्म। महाभारत के शांति पर्व में इस बात को और अच्छे से समझा जा सकता है। उसमें कहा गया है कि सनातन धर्म कुछ और नहीं, मात्र यह है कि व्यक्ति सत्य बोले, अच्छे कार्य करे, पवित्र हो, दान दे, उसमें संतोष और क्षमा हो और मन, कर्म व वाणी से वह परोपकारी हो। सार यह कि जिस भी व्यक्ति में सबके कल्याण का भाव है, वह सनातनी है। धर्मपालन के लिए उसे कुछ और नहीं करना।

**लड़का** : कितनी सीधी-सरल व्याख्या है।

**लड़की** : भारतीय संस्कृति का मूल भाव कल्याण है। यह कल्पना करती है कि सभी लोग सुखी, समृद्ध, निरोगी हों। हमारी मान्यता है कि एक प्राण की सत्ता है, जो चैतन्य का रूप है, वह सब ओर है और सभी में व्याप्त है। अहम् ब्रह्मास्मि का जो बोध है, जो सत्य है, उसकी समझ, परख या अनुभूति सांसारिक अर्थ में की भी सकती है क्या? अहम् व्यक्ति नहीं, मैं नहीं। यह तो संपूर्णता है, समष्टि है और वही ब्रह्म है।

**यो अहं सो असौ यो असौ सोहम्**

**जो मैं हूँ, वह वह है, जो वह है, वह मैं हूँ**

यह है ब्रह्म का साक्षात्कार। मुक्त हो गए आप अहम् से। सभी बंधनों और अहम् से मुक्त। कितनी बड़ी बात कितनी सहजता से कह दी गई। एक उदाहरण ऋग्वेद से देखिए। इसमें एक स्थान पर समस्त प्राणियों की ओर से कामना की गई है कि मातृभाषा, मातृसंस्कृति और मातृभूमि, ये तीनों सुखकारिणी देवियाँ स्थिर होकर हमारे हृदयासन पर विराजें। कितनी उत्कृष्ट सोच!

**लड़का** : काश! आज भी कोई यह कर सके।

**लड़की** : भाषा, संस्कृति और देश को अपनी प्रार्थनाओं में लानेवाला हर व्यक्ति स्वयं भी सुखी रहेगा और समाज कल्याण के विभिन्न कार्य भी कर सकेगा। देश व समाज की सारी चिंताएँ इस एक प्रार्थना में सिमट आई हैं। सनातन सभ्यता की इस सोच, इस भाव को मैं प्रणाम करती हूँ। ऐसा भी नहीं कि वैदिक आर्य केवल यज्ञों को महत्त्व देते थे। वे यह तो मानते थे कि यज्ञ करके

उन्हें दोनों लोकों की प्राप्ति होगी, किंतु इसके साथ-साथ वे तत्त्व चिंतन भी करते थे। आत्मा क्या है, कहाँ से आती है और कहाँ चली जाती है, ये सारे विषय आरंभ से ही आर्यों की जिज्ञासा में रहे और उनकी यही जिज्ञासु प्रवृत्ति धीरे-धीरे सनातन संस्कृति को पुष्ट करती गई। इसीलिए, जो लोग भारतीयों को असहिष्णु घोषित करने में गर्व अनुभव करते हैं, वे अज्ञानी हैं।

**लड़का :** एक और बात महत्त्वपूर्ण है। मुझे लगता है, यह सनातन संस्कृति ही है, जिसमें ईश्वर की आलोचना का साहस है।

**लड़की :** एकदम ठीक कह रहे हैं आप। सनातन संस्कृति ईश्वर को दुर्लभ, अलभ्य नहीं मानती। उसे टिप्पणियों और समीक्षाओं से परे नहीं मानती। आराध्य के साथ-साथ वह ईश्वर को अपना बंधु व सखा मान लेती है। भक्त अपने प्रभु के साथ खेलता है, नाचता है, उससे रूठता है और उसे मनाता भी है। यही संस्कृति ईश्वर की भी मुखर आलोचना करती है।

**लड़का :** कितने ही उदाहरण हैं, जब कवियों ने, भक्तों ने और सामान्य जन ने भी राम द्वारा सीता त्याग पर प्रश्न उठाया।

**लड़की :** हाँ। यदि आज तक यह प्रश्न जीवित है तो केवल इसलिए कि प्रश्न पूछना हमारे रक्त में है, हमें पता ही नहीं चला और प्रश्न पूछने का संस्कार हमें घुट्टी में पिला दिया गया। कमरे में, चौराहे पर, लेखों में और भाषणों में हम प्रश्न करने लगे। तीखे प्रश्न, बेधक प्रश्न। इनके उत्तर आते तो हमारी जानकारी बढ़ती और दूसरा पक्ष भी अपने को पहले से अधिक परिमार्जित मानता। आप देखें, सनातन संस्कृति में इंद्र पूजित भी हैं और निंदित भी। गोवर्धन पूजा क्या है? लोककल्याण के लिए सर्वोच्च शक्ति से भी लड़ जाने की शिक्षा देती है गोवर्धन पूजा की कहानी। यह कहानी प्रतीक है कि देवराज भी यदि अत्याचार करें तो साधारण मानव उनके सामने उठ खड़ा हो। ऐसे मानव का साथ देने को ईश्वर भी बाध्य होगा।

**लड़का :** कृष्ण की क्या बात! उनका तो कोई सानी ही नहीं।

**लड़की :** कृष्ण के ही संदर्भ में एक और बात कहना चाहूँगी। गीता पढ़ते

हैं लोग। पाँच हजार सालों से उसकी टीका हो रही है। गीता पर निबंध लिखे जा रहे हैं। आध्यात्मिक प्रवचनों से लेकर मैनेजमेंट सेमिनारों तक में अपने-अपने ढंग से गीता की व्याख्या की जा रही है। कोई गीता को दर्शन का चमत्कार मानता है और कोई उससे प्रबंधन-कौशल सीख रहा है तो सोचिए, जो गीता पाँच हजार वर्षों से विद्वानों के लिए आकर्षण है तो उसमें जो दर्ज है, जो लिखा है, उसका ज्ञान भारतीय मनीषा ने कितने हजार वर्षों में संचय किया होगा। मैं कहना यह चाहती हूँ कि कृष्ण ने युद्ध क्षेत्र में अर्जुन से जो कहा, वह कृष्ण को किसने बताया था, कृष्ण ने भी तो किसी से, कहीं से और कभी तो यह ज्ञान लिया होगा और जिसने कृष्ण को सिखाया, चलिए मैं उनके गुरु सांदीपनि का ही नाम लेती हूँ तो सांदीपनि को किसने सिखाया, वे कौन लोग थे? गीता में जो है, वह एक दिन या एक वर्ष या एक सदी का ज्ञान हो ही नहीं सकता। गीता ज्ञान की सुदीर्घ, सुविचारित और सुविस्तारित परंपरा का परिणाम है और मेरा दृढ विश्वास है कि जिस ज्ञान से मानवता पाँच हजार वर्ष से लाभान्वित है, वह आया भी उतनी ही अवधि में होगा। इसलिए श्रीमान् माधव, अगली बार जब आप पश्चिम के इतिहासकारों या किसी कम्युनिस्ट की भारत में आर्य आगमन थ्योरी पढ़ने बैठें या उसके सिद्धांत ईसा से कुछ हजार साल पहले ही भटककर रह जाएँ तो मेरी यह बात याद कीजिएगा।

**लड़का** : भविष्य में वह एक दिन आना है, जब लोग मानेंगे कि सनातन सभ्यता की जड़ें ज्ञात इतिहास से बहुत पीछे तक जाती हैं।

**लड़की** : अभी जिन बातों को मिथक कहकर खारिज किया जा रहा है, कल उन्हीं के साक्ष्य पुरातत्त्वविद् ढूँढ़ निकालेंगे। ऐसा होने भी लगा है। भारत में आर्य आगमन का सिद्धांत मध्य उन्नीसवीं सदी में मैक्समूलर लाए। मैक्समूलर ने कहा कि आर्य मध्य एशिया से आए और उन्होंने यहाँ के मूल निवासी द्रविड़ों को पराजित करके दक्षिण में खदेड़ दिया। अंग्रेजों को यह थ्योरी माफिक आई, क्योंकि इससे भारत को उत्तर-दक्षिण और सवर्ण-अवर्ण

में बाँटने की उनकी कोशिश पूरी हो रही थी, लेकिन अब एक देढ़ दशक से इस सिद्धांत का खंडन होने लगा है। अब पूछा जाने लगा है कि यदि आर्य बाहर से आए और उन्होंने ऋग्वेद लिखा तो उसमें उनके मूल स्थान, मध्य एशिया का उल्लेख क्यों नहीं है। अब बहुत से इतिहासकार यह कहने लगे हैं कि आर्यों के बाहर से भारत में आने का कोई प्रमाण नहीं मिलता। पिछले दिनों डैनिनो नामक एक फ्रेंच इतिहासकार ने भी सवाल उठाया कि ऋग्वेद में समुद्र, नौकायन, पानी और तूफान का बहुधा उल्लेख मिलता है, जबकि आर्य यदि मध्य एशिया से आए होते तो भौगोलिक कारणों से उनके लिए यह जानकारी होना असंभव था। डैनिनो ने यह शंका भी उठाई है कि भारत में जो हथियार, कृषि उपकरण और बरतन आदि बहुत पहले से मिलते हैं, उनकी आर्यों से साम्यता कैसे है। यदि आर्य बाहर से आए थे तो उनके इन उपकरणों में कुछ तो अंतर होना चाहिए था। डैनिनो मानते हैं कि भारत ईसा से 40 हजार साल पहले बस चुका था, जबकि आर्यों के आने की बात ईसा से डेढ़ से दो हजार साल पहले की बताई जाती थी।

**लड़का** : सही कह रही हैं। मुझे अब ध्यान आ रहा है कि हैदराबाद के सेंटर फॉर सेल्यूलर एंड मॉलीक्यूलर बायलॉजी ने भी आर्यों के बाहर से आने की बात को खारिज किया है।

**लड़की** : इसीलिए कहती हूँ कि कुछ और समय बीतने दीजिए, कई परदे खुलनेवाले हैं। अभी तो महाभारत से विश्वामित्र का एक प्रसंग सुनाती हूँ आपको। यह मुझे बहुत प्रेरित करता है—

**येन येन विशेषेण कर्मणा येन केनचित।**
**अभ्युज्जीवेत् साधमानः समर्थो धर्ममाचरेत।।**
**यथा यथैव जीवद्धि तत्तकर्तव्यमहेलया।**
**जीवितं मरणाच्छेयो जीवन् धर्ममवाप्नुयात।।**

**लड़का** : अर्थ भी बताती चलें।

**लड़की** : विश्वामित्र भूख-प्यास से व्याकुल हैं। तड़प रहे हैं। जब नहीं रहा गया तो उन्होंने कुत्ते का मांस खा लिया। यह देख, चकित

हुए एक चांडाल ने पूछा कि 'क्या करते हैं ऋषिवर?' ऋषि का उत्तर सुंदर है। विश्वामित्र कहते हैं, 'जो कर्म करने से जीवन में उत्साह आए और दु:ख व क्लेश न रहे, वह कार्य करना ही धर्म है। जिस प्रकार जीना धर्म है, उसी प्रकार जीने के लिए सभी उपाय करना भी धर्म है। मरने से अधिक अच्छा है जीना, क्योंकि जब जिओगे, तभी न जीवन के धर्म का पालन कर सकोगे।' यूँ कहें कि जीवन और धर्म परस्पर पूरक हैं। आप देखें, विश्वामित्र जैसे बड़े ऋषि ने धर्म को बेड़ियों में नहीं डाला कि अमुक-अमुक कार्य वर्जित हैं, या अमुक कार्य कर दिया तो नरक में जाना होगा। उन्होंने कहा, आपद् धर्म भी धर्म है। इसलिए, कृपया यह समझें कि धर्म बिल्कुल भी जटिल नहीं। विश्वामित्र ने अपने उदाहरण से बताया कि धर्म को जटिलताओं से मुक्त रखा जाना चाहिए। हमारे यहाँ ईश्वर की प्राप्ति या अमर हो जाने के बड़े-बड़े मार्ग नहीं बताए गए। इच्छाओं को वश में कर लेना या उनसे मुक्ति पा लेना भी ईश्वर से साक्षात्कार है।

**लड़का** : ठीक कहती हैं। इसके लिए न तो कठिन तप करना है और न शरीर को कष्ट ही देना है। यह तो कोई भी कर सकता है।

**लड़की** : कोई कर सके तो उपाय बड़ा सरल है। कठोपनिषद् की एक सूक्ति है—

**यदा सर्वे प्रमुच्यन्ते कामा येस्य हृदिम्रिताः।**
**अथ मर्त्योमृतो भवत्यत्र ब्रह्म समश्नुते।।**

जब हृदय की सारी इच्छाएँ समाप्त हो जाती हैं तो मनुष्य अमर हो जाता है और तभी उसे ब्रह्म की अनुभूति होती है। सादा जीवन, उच्च विचार। जीवन को जीना धर्म है। आचरण धर्म है।

यह पढ़ते हुए लड़के की आँख अचानक घड़ी पर गई। देखा, नौ बज चुके थे। तब उसे ध्यान आया कि उनमें दो घंटे से मैसेजिंग हो रही है। उसे अच्छा भी लगा। तब तक उसके यहाँ खाना बनानेवाली अम्मा खाने की थाली लगा ले आईं। अम्मा बिल्कुल अम्मा ही थीं। उनका बनाया गरम खाना न खाओ तो डाँटतीं, सो लड़के ने लड़की से क्षमा माँगी और भोजन पर जुटा। सोच रहा था, इतनी देर तक और लगातार इतने लंबे-लंबे संदेश टाइप करने के बाद भी लड़की में थकान नहीं लग

रही थी। उधर लड़की ने भी फोन रख दिया। आधे घंटे बाद लड़के ने मैसेज करके लड़की से फिर विषय पर लिखने का आग्रह किया। लड़की ने न 'हाँ' में जवाब दिया और न 'न' में। दो घंटे बाद लड़के के फोन में संदेश प्रकट हुआ—

**लड़की** : एक ग्रंथ है गीत गोविंद, जिसे बारहवीं शताब्दी में जयदेव ने रचा। न केवल कथित प्रगतिशील, बल्कि वैलेंटाइन डे पर लड़कियों को पीटनेवाले कथित हिंदूवादियों को भी ध्यान देना चाहिए कि आठ सौ साल से यह पुस्तक हमारी धरोहर है, मधुरा भक्ति का चरम और शृंगार महाकाव्य है। इसी पुस्तक से एक श्लोक देखें—

**मधुमुदितमधुपकुलकलितरावे।**
**विलस कुसुमशरसरसभावे।।**

सोच-विचार में मगन राधा को उनकी सखी समझा रही है—'काम वेदना के कारण प्रियतम से मिलने की तुम्हारी उत्कट अभिलाषा, कामोपभोग में तुम्हारी विशिष्ट रुचि का परिचायक है। काम भोग सुलभ न होने से ही तुम वेदना व्यथित एवं संतप्त हो। अब, जब तुम्हारा प्रियतम तुम्हें सुलभ है, चिरौरी करके तुम्हें निमंत्रित कर गया है तो तुम्हें सोचने में अवसर नहीं गँवाना चाहिए।' गीत गोविंद में वर्णन राधा-कृष्ण की काम-क्रीड़ाओं का है, पर समाज ने उन पर इसलिए आपत्ति नहीं की, क्योंकि हमारा समाज अभिव्यक्ति की स्वतंत्रता का आदि और जन्मना पक्षधर है। महाभारत और उपनिषद् ऐसे उदाहरणों से भरे पड़े हैं, जहाँ राजा की भी आलोचना को महत्त्वपूर्ण माना गया है।

लड़की की टाइपिंग यथावत् थी—

**लड़की** : हमारे पुरखों का यही वह लचीलापन था, जो आज के कठिन समय में अनुकरणीय होना चाहिए। विश्व का इतिहास भिन्न धर्मावलंबियों के बीच युद्ध से भरा पड़ा है। मुसलमानों और ईसाइयों में युद्ध हुए, हजारों वर्षों तक ईसाइयों द्वारा प्रताड़ित रहे यहूदी, दूसरे विश्वयुद्ध में केवल धर्म के आधार पर 60 लाख से अधिक यहूदी मारे गए। इस्लाम के भीतर शिया-सुन्नी संघर्ष है, किंतु भारत में ऐसा नहीं हुआ। संप्रदाय बने, पर शैव व वैष्णवों में संघर्ष कभी थोड़े से क्षेत्रों और वहाँ भी एक सीमा के आगे नहीं बढ़ सका और आज तो यह कहना कठिन है कि

कभी इन दोनों मतों में मतभेद भी था। हमारे घरों में शिव और विष्णु समान रूप से पूजित हैं। शुंगकाल की कतिपय घटनाओं को छोड़ दें तो सनातनियों और बौद्धों में मतभेद हिंसक नहीं हो सका और फिर तो एक ऐसा भी समय आया, जब आदि शंकराचार्य के दर्शन में बुद्ध का प्रभाव देखा जाने लगा, बुद्ध को अवतार मान लिया गया। प्रसंगवश एक और बात कहना चाहूँगी। सनातन भारत में युद्ध का निषेध कभी नहीं रहा। अहिंसा समर्थक होने का अर्थ यह नहीं था कि आवश्यकता होने पर भी युद्ध न किया जाए और पीठ दिखा दो। वह तो कायरता हुई। उदाहरण कृष्ण हैं, जो गीता में कहते हैं—

**तस्मात् उत्तिष्ठ कौन्तेय युद्धाय कृत निश्चयः**

उठो, अर्जुन और युद्ध के लिए तत्पर हो।

**लड़का** : अहिंसा परमो धर्मः का श्लोक भी अपने यहाँ हमेशा अधूरा बताया जाता है।

**लड़की** : पूरा श्लोक जानते हैं आप?

**लड़का** : **अहिंसा परमो धर्मः**
**धर्म हिंसा तथैव च**

**लड़की** : बहुत अच्छे! भारत में देवियों की उपासना होती रही तो प्रकृति की भी। कृष्ण और हनुमान की आराधना करते समय हमें उस समाज व समय के बारे में विचार करना चाहिए, जो अपने आराध्यों के इन रूपों को मान्यता दे रहा था। जाने कब से भारत में एक व्यवस्था चली आ रही है कि यहाँ नास्तिक भी त्याज्य नहीं। नास्तिकता के पीछे भी एक विश्वास होता है। उस विश्वास का सम्मान करना सिखाया गया हमारे यहाँ। नास्तिक होना पाप नहीं है। पूजा करो तो अच्छे और न करो तो भी तुम अच्छे। कोई एक पूजा-पद्धति विशिष्ट नहीं। कोई एक व्यक्ति ज्ञान का अंत नहीं। कोई एक मत या संप्रदाय अंतिम सत्य नहीं। जो इसमें अच्छा, वह अच्छा और जो उसमें अच्छा, वह भी अच्छा। यहाँ सिखाया गया कि समूची वसुधा तुम्हारा कुटुंब है। मैं ही सर्वश्रेष्ठ का भाव नहीं। जिसने मैं रूपी यह भाव रखा, वह समाज, संस्कृति, लोक

और साहित्य में कभी रावण तो कभी दुर्योधन कहलाया। शास्त्र हों या लोक परंपरा, उनमें रावण को राम का विरोधी मानकर उसे खलनायक तो माना गया, किंतु उन्हीं राम का साथ देनेवाले विभीषण को भ्रातृद्रोही और घर का भेदी कहा गया। लोक ने राम भक्त विभीषण को सम्मान नहीं दिया। प्रह्लाद भक्त तो है, किंतु पितृहंता भी है। लोक की यह शक्ति असाधारण है। यही है सनातन धर्म की शक्ति, जहाँ ईश्वर को मानो, न मानो, तुम्हारी इच्छा। आस्तिक होना, जहाँ श्रेष्ठ मानव होने का प्रमाण नहीं। ब्रह्म को साकार निराकार से भी आगे ले जाकर अपने जैसा बना लेने की यही विशिष्टता हमारी शक्ति थी।

**लड़का** : आप लिखती रहें। मैं आनंद ले रहा हूँ।

**लड़की** : मुहम्मद इस्माइल बनाम भारत सरकार के एक मुकदमे (1993) में सुप्रीम कोर्ट ने हिंदुत्व पर कुछ बातें कही थीं, जो मैं दोहराती हूँ। पाँच जजों की बेंच में तत्कालीन मुख्य न्यायाधीश एम.एन. वैंकेटचेलैया, ए.एम. अहमदी, जे.एस. वर्मा, जी.एन. रे और एस.पी. भरूचा थे और न्यायालय ने ऋग्वेद को कोट किया था, 'एकैव मानुषी जातिः।' इस छोटे से वाक्य के पीछे की भावना देखी जानी चाहिए। बताइए, जो धर्म समस्त मनुष्य जाति के प्रति इतने कोमल और उदार विचार रखता है, उसे षड्यंत्र करके असहिष्णु कहा गया। उसी निर्णय में अदालत ने यह भी कहा था, 'ता नः प्रजाः बहुला समग्रा वाचो, मधु पृथिवि धेहि मह्यम।' श्लोक में माता पृथ्वी से प्रार्थना की गई है कि वे अपने बच्चों को सभी लोगों से प्रेमपूर्वक रहने और बात करने की क्षमता प्रदान करें।

**लड़का** : कितनी विनम्रता है, इस प्रार्थना में।

**लड़की** : वर्ष 1993 में, तत्कालीन राष्ट्रपति शंकरदयाल शर्मा नेशनल लॉ स्कूल ऑफ इंडिया यूनिवर्सिटी गए थे। वहाँ दिया गया उनका व्याख्यान सनातन धर्म व संस्कृति की सटीक व्याख्या करता है। हमारा धर्म तो आचार-विचार है, धर्म की पश्चिम से आई परिभाषा इसकी व्याख्या नहीं कर सकती। वे धर्म को एक

व्यक्ति, एक पुस्तक की दृष्टि से देखते हैं और इसीलिए हमको लेकर भ्रमित रहते हैं। बहरहाल, मैं यहाँ डॉ. शर्मा की कुछ बातों को दोहराना चाहती हूँ। डॉ. शर्मा ने कहा था, 'ऋग्वेद को मानव सभ्यता का प्राचीनतम ग्रंथ माना जाता है, परंतु ऋग्वेद काल के कुछ विद्वान् भी ऋग्वेद में वर्णित कुछ बातों को प्राचीन मानते हैं—ऋग्वेद से भी प्राचीन। इसका अर्थ है, हमारे लिए धर्म की अवधारणा काल से परे है।' डॉ. शर्मा ने धर्म और सत्य को परस्पर पूरक बताया। डॉ. शर्मा ने वाल्मीकि रामायण के अयोध्या कांड के एक श्लोक को कोट किया था—

**सत्यमेवानृशंसं च, राजवृत्तं सनातनम्।**
**तस्मात्सत्यात्मकं राज्यं सत्ये लोक प्रतिष्ठितः।।**

अर्थात्, प्राचीन काल से ही सांविधानिक व्यवस्था सत्य और सामाजिक सहानुभूति पर निर्भर करती रही है। राज्य की आधारभूत अवधारणा सत्य है। सत्य पर ही समूचा ब्रह्मांड टिका है।

**लड़का** : डॉ. शर्मा का यह भाषण तो मैंने नहीं पढ़ा था, पर अभी मुझे यह पढ़ाने के लिए आपका आभार जता सकूँ, उसके लिए सही शब्द भी मेरे पास नहीं।

**लड़की** : डॉ. शर्मा का एक और वक्तव्य भी देखें, जो उन्होंने महाभारत से दिया था—

**धर्माय राजा भवतु न कामकरणाय तु।।**

(राजा का धर्म विधि की स्थापना व उसका पालन है, न कि भोग-विलास।)

**लड़का** : शासक को कितने ढंग से उसका कर्तव्य समझाया गया है, महाभारत में।

**लड़की** : यही था भारत। यही है भारत।

यह अंतिम मैसेज भेजकर लड़की ने फोन रखा तो घड़ी रात के बारह बजा रही थी। उधर लड़का, मानो सम्मोहन में था। चैतन्य हुआ तो सोने गया, पर उस रात उसे नींद टुकड़ों में आई। भारत की व्यापकता और लड़की का अध्ययन दोनों ही उसके मन में हलचल मचाते रहे।

□

# आधी रात मैसेज क्यों

कल आपको पढ़ना बहुत आश्चर्यजनक अनुभव रहा। यह कहने में मुझे कोई संकोच नहीं कि ऐसा लेखन, मैंने पहले कभी नहीं देखा था। कृपया मेरा धन्यवाद स्वीकार करें।

आधी रात को लड़की के फोन पर यह मैसेज गिरा तो पहले तो उसने सोचा कल पढ़ेगी। इतना लेट नाइट उसे मैसेज करनेवाले लोग लगभग नहीं ही थे। फिर लगा, पता नहीं किसका और कैसा संदेश हो। फोन उठाया तो देखा, संदेश लड़के का था। मैसेज पढ़ा तो अच्छा लगा। धन्यवाद लिखने चली, पर आदत से मजबूर थी। उसकी विद्वत्ता और गंभीरता के पीछे एक नटखट लड़की छुपी थी। सो उसने लिखा यह—

"रात साढ़े बारह बजे आप मैसेज कर रहे हैं?"

बेचारा लड़का! प्रशंसा करने चला था, लेकिन यहाँ तो मुसीबत गले पड़ी जा रही थी। सोचने लगा, नाहक ही मैसेज कर दिया। फिर देखा, लड़की अभी ऑनलाइन है तो टाइप किया, 'सॉरी' और भेज दिया। अब लड़की पिघल गई, पर उसने जवाब नहीं दिया और फोन बंद करके लेट गई। दिन भर की थकी थी तो थोड़ी ही देर में सो गई। उधर, लड़के की नींद गायब थी। प्रशंसा का मैसेज भेजने के पहले उसने लड़की के दस रिएक्शन सोच लिये थे, पर यह नहीं सोच सका था कि उसकी क्लास लग जाएगी। पछताने लगा, काहे बैठे ठाले मुसीबत मोल ले ली। लड़की ने कहीं मीटू वाली शिकायत कर दी तो वह जवाब नहीं दे सकेगा, इतनी रात में मैसेज करने का। इसी उधेड़बुन में जाने कब उसकी भी आँख लग गई। अगला दिन आया तो वह रोज के अपने काम में लगा और शाम होते-होते जब कहीं से कोई फोन नहीं आया तो उसकी चिंता कम होने लगी। कुछ और घंटे बीते और रात गहराई तो चिंता और दूर हुई। लड़का अकेला रहता और खाना बाहर खाता। खाकर आया और लेटकर एक पुस्तक उठा ली। पता नहीं, कब तक पढ़ता रहा

और पढ़ते-पढ़ते उसकी झपकी लग गई। तभी फोन की मैसेज टोन बजी। उनींदी आँखों से घड़ी देखी तो साढ़े बारह बज रहे थे। यह सोचते हुए कि जाने किसका मैसेज आ गया, फोन उठाया तो देखा लड़की का नंबर था। लड़के की नींद उड़ गई। सोचा, वह कोई बवाल करेगी, पर मैसेज देखा तो लिखा था—शुक्रिया। उसकी जान में जान आई और उसने जवाबी संदेश टाइप किया।

अब देखिए—

**लड़का** : आप चौबीस घंटे बाद धन्यवाद बोलती हैं क्या?

**लड़की** : आपको धन्यवाद चाहिए या नहीं?

**लड़का** : आप कभी कोई बात सीधे नहीं कह सकतीं? मैंने आपकी तारीफ की तो आपने हड़का लिया। अब चौबीस घंटे बाद रिएक्ट कर रही हैं तो भी हमलावर हैं?

**लड़की** : आप करते क्या हैं, पर पहले यह बताइए, आप कानपुर में क्या कर रहे हैं, कानपुर के तो हैं नहीं आप?

**लड़का** : जी, कानपुर का तो नहीं हूँ, लेकिन महीने भर से यहीं आ गया हूँ। आपके शहर के हैलेट अस्पताल में डॉक्टर हूँ। अभी तक मुरादाबाद में था, पर अब यहाँ तबादला हो गया है मेरा।

**लड़की** : ओहो! तो डॉक्टर हैं आप! काहे का इलाज करते हैं?

**लड़का** : ईएनटी डॉक्टर हूँ।

**लड़की** : वाह! गला पकड़ते हैं आप। चलिए, अच्छा है, आप भी अब कनपुरिया हो गए।

लड़का समझ गया, लड़की से पार पाना कठिन है। कहेगी वह अपने ही मन की। उसने भी ट्रैक बदला।

**लड़का** : बहुत अच्छा समझाया आपने उस दिन भारत को।

**लड़की** : क्या अच्छा लगा आपको?

**लड़का** : आप अच्छा लिखती हैं।

**लड़की** : मेरी नहीं, कंटेंट की बात कीजिए।

लड़का फिर खिसिया गया। पहले तो उसके मन में आया, फोन पटक दे, पर महँगा फोन था तो मन मसोसकर रह गया। फिर मैसेज टाइप करने लगा।

**लड़का** : आपने जो विषय उठाया, वह मेरे मन का था। यह बिल्कुल सच बात है कि भारत में धार्मिक कट्टरता कभी नहीं रही।

यह हमारे इतिहास लेखन की विसंगति है, जो हम भारत को दिल्ली सल्तनत के पहले देखना ही नहीं चाहते। प्राचीन भारत का वैभव, ज्ञान और उदारता जानबूझकर उपेक्षित कर दी गई। या यूँ भी कह लें कि इस्लाम के भारत आगमन से पहले का भारत हमारे यहाँ देश से छुपा लिया गया। सारी अच्छी-बुरी चर्चा, सारे विवाद पिछले आठ सौ वर्षों के इतिहास पर होते हैं, लेकिन भारत उसके पहले भी था। तब के भारत के बारे में बताएँ। दक्षिण भारत का इतिहास बताया जाए। बस, फिल्म भी बनेगी तो वही मुगल और वही दिल्ली सल्तनत पर।

लड़की, लड़के का यह संदेश ध्यान से और दो बार पढ़ती है। कुछ देर सोचती है और फिर मैसेज करती है।

**लड़की** : हम्म···आप सही कह रहे हैं।

**लड़का** : आपने यज्ञों में स्त्रियों की भूमिका को बहुत अच्छे से समझाया। मैं भी यही कहता हूँ कि जब वैदिक काल में यज्ञ बहुत महत्त्वपूर्ण थे तो स्त्री को उसे बराबर से करने का अधिकार था। यज्ञ में पति का साथ देनेवाली स्त्री ही सहधर्मिणी होती। कहीं-कहीं तो ऐसा भी उल्लेख आया है कि रात का हवन स्त्री को ही करना चाहिए।

**लड़की** : कात्यायनी नामक एक ऋषि पत्नी ने अपने पति के संन्यास लेने के बाद उनके 60 हजार शिष्यों के पठन-पाठन का दायित्व सँभाला था। हमारे पास बहुत उदाहरण हैं, कोई उन्हें ढूँढ़े तो।

**लड़का** : आपने गिरिलाल जैन का नाम सुना है?

**लड़की** : हाँ, जो अंग्रेजी के बड़े संपादक थे?

**लड़का** : जी हाँ। उनका एक लेख मैंने कहीं पढ़ा था। उन्होंने लिखा था, 'Hinduism provides for the ultimate truth but not for a final and last statement of that truth. So, we cannot have either the 'son' of God or the 'last messenger' of God, or the final revealation. Indeed, in our civilization, when we project a 'Nayak', we also project a 'Pratinayak', the nayak's opposite.' देखें,

गिरिलालजी ने कितनी सूक्ष्म व्याख्या कर दी धर्म की। ऐसा ही कुछ आप भी कह रही थीं।

**लड़की** : हम्मम…गुड नाइट।

अच्छे-भले चल रहे संवाद के अचानक इस तरह बंद हो जाने से लड़का चकित हुआ और उसे बुरा भी लगा, पर कर भी क्या सकता था। उसने भी शुभ रात्रि का संदेश भेजा और सो गया। वह भला कैसे जान सकता था कि लड़की उसके अध्ययन से प्रभावित हो रही थी।

## दो सप्ताह बाद–रात 01.15 बजे

लड़का सो रहा है। तभी फोन की वाट्सएप मैसेज टोन बजती है। उनींदी आँखों से वह फोन उठाता है तो देखता है, संदेश लड़की का है। लड़के के मन में पहली बात यह आती है कि लड़की दिन में मैसेज क्यों नहीं करती और इतना लंबे अरसे गायब कहाँ हो जाती है? उत्सुकता में मैसेज खोलता है और पहली दो लाइन पढ़ते ही चैतन्य हो जाता है। नींद जाने कहाँ जाती है। भूल जाता है, सुबह जल्दी उठकर अस्पताल जाना है।

लड़की ने मैसेज में उससे एक प्रश्न पूछा है कि वह कभी कुंभ गया है क्या? लड़का न कहता है तो लड़की लिख भेजती है, फिर आपने जीवन में देखा ही क्या? लड़का तुरंत पलटकर फोन करता है—

**लड़का** : क्यों भाई, ऐसा क्या है कुंभ में, जो आप इतना इतरा रही हैं?

**लड़की** : अब, जब आपने देखा ही नहीं तो समझेंगे कैसे?

**लड़का** : समझाकर देखिए।

**लड़की** : हाल ही में, किसी पत्रकार का एक पत्रिका में कुंभ पर लिखा लेख पढ़ा था। उसी आधार पर चर्चा करती हूँ आपसे।

**लड़का** : पहले यह बताएँ कि आप गई हैं क्या कुंभ?

**लड़की** : जी। हर साल माघ मेले में भी जाती हूँ प्रयाग। कुंभ भी प्रयाग का ही देखा है। जो देखा, उससे प्रभावित हूँ, तभी तो इस लेख से अपने को जोड़ सकी।

**लड़का** : …और गंगा के बारे में कोई राय नहीं आपकी?

**लड़की** : है क्यों नहीं, पर आपको अचानक गंगा का ध्यान कैसे आ गया?

**लड़का :** एक तो कुंभ पर चर्चा चल रही है और दूसरे यह कि कल गंगा पर एक सेमिनार हुआ था बनारस में। उसकी खबर आज अखबार में पढ़ रहा था।

**लड़की :** गंगा पर तो जितना कहा जाए, कम ही है। किसी ने एक बार लिखा था कि दुनिया में इतनी सारी नदियाँ हैं। इनमें बहुत सी गंगा से लंबी हैं। बहुत सी छोटी नदियाँ बड़ी नदियों में मिलती हैं, लेकिन केवल गंगा ही ऐसी अकेली नदी है, जिसमें बड़ी-से-बड़ी नदी अपने को विलीन कर देती है। गंगा में मिलने से पहले हर नदी का एक नाम होता है, पर गंगा में मिल जाने के बाद केवल गंगा याद रह जाती।

**लड़का :** मेरे पिता कहते थे, लोग नहाएँ चाहे जिस नदी में, कहते यही हैं—हर हर गंगे।

**लड़की :** अद्‌भुत है गंगा। अच्छा, अब लेख भेजती हूँ। आप भी पढ़ें।

लड़के के फोन की वाट्सएप मैसेज टोन थोड़ी देर बार घनघनाती है।

□

# अमिट आस्था का पर्व

## कुंभ क्या है?

कोई मेला? शहर-शहर होनेवाला कोई सरकारी महोत्सव? आस्थाओं के प्रकटीकरण का कोई सरकारी प्रयास? रात को दिन बना दे, बिजली की ऐसी चकाचौंध, साधुओं की कभी न समाप्त होनेवाली अटूट कतारें, अधिकारियों का जमावड़ा, राष्ट्रीय, अंतरराष्ट्रीय मीडिया का आकर्षण, भीड़, चहल-पहल और स्नान पर्व! आखिर, वह क्या है कुंभ में जिसके कारण यूनेस्को ने उसे वैश्विक सांस्कृतिक धरोहर माना।

**लड़का :** लगता है, आज फिर कुछ सीखनेवाला हूँ आपसे।

**लड़की :** कुछ लोगों को आश्चर्य हो सकता है परंतु कुंभ जैसे आयोजन शक्ति हैं भारत की। सैकड़ों वर्षों से कोई एक जुटान हर छह और बारह वर्ष में होती रहे और आनेवालों की संख्या बढ़ती ही जाए तो इसे चमत्कार ही मानें। कुंभ धार्मिक नहीं, आध्यात्मिक पर्व है। ध्यान से देखें तो पाएँगे कि इसमें आजकल के कर्मकांडों की कोई भूमिका नहीं है। लोग आते हैं और स्नान पर्वों पर नहाकर लौट जाते हैं। जितने इन पर्वों में आते हैं, उससे अधिक पूरे कुंभकाल के अन्य दिनों में आते हैं। आए, नहाए, खाए और वापस।

**लड़का :** तो कुल इतना ही प्रयोजन है कुंभ का?

**लड़की :** बिल्कुल। धर्म में आ गई कोई कुरीति और आडंबर कुंभ में नहीं। यह भी जान लें कि जैसा कुंभ है, वैसे ही हम हैं। सरल, सहज, विनम्र और विशाल। ऐसा ही जीवन रहा है सनातन भारत का। न किसी की उपेक्षा और न अपेक्षा। जो है, जितना है,

उसी में संतुष्ट और मगन। यदि गंगा का दर्शन मुक्ति है तो कुंभ गंगा है—गंगे तव दर्शनात मुक्तिः। संगम का चमत्कार है कुंभ। कल्पवास का पुण्य भी है कुंभ। तीर्थराज के माथे पर कुंकुम जैसा दमकता है कुंभ। कुंभ तीन और स्थानों पर भी लगता है, परंतु यह प्रयाग है, जहाँ गंगा-यमुना और अदृश्य सरस्वती के सुदीर्घ तटों पर कुंभ की विराटता आकार पाती है। कुंभ को अपने आयोजन कौशल की कसौटी और अब वोट बैंक भी मानने लगी हैं सरकारें। अपने-अपने आयोजन को चौबीस कैरेट बताने का नाम भी है कुंभ, परंतु क्या इतना ही है कुंभ?

**लड़का :** पर यह तो सही है कि सरकारें बहुत रुचि लेती हैं कुंभ में।

**लड़की :** सरकार सक्रिय न होगी तो क्या न होगा कुंभ? आप दो-तीन दशक देख रहे हैं, पर कुंभ सहस्त्रों वर्षों की यात्रा है। कुंभ आम आदमी है। इसी आम आदमी की शक्ति और आस्था का चरम है कुंभ। सर्दी जब हड्डियों को गला रही होती है तो सुबह चार बजे के न्यूनतम तापमान में संगम नहाने की होड़ का नाम है कुंभ। गंगा, जिसे कोई सरकार स्वच्छ न कर सकी, उसके मटमैले पानी को लोटे में घर ले जाने की प्रणम्य श्रद्धा का नाम है कुंभ। जमना में नहाकर गंगा का पुण्य कमा लेने की निर्दोष आस्था का नाम भी है कुंभ। साधुओं की चरण रज को चुटकी से उठाकर माथे से लगा लेने की चकित करती, विनीत आस्था का नाम भी है कुंभ। स्नान के बाद संगम के तट पर अगल-बगल बैठे धनी-निर्धन की परस्पर सामाजिकता की परिभाषा भी है कुंभ। हर बारह वर्ष बाद प्रयाग जाकर सर्वस्व दान करने की सम्राट् हर्षवर्धन की प्रेरणा भी है कुंभ। यूरोप, अमेरिका द्वारा भीड़ प्रबंधन सीखने की ललक भी है कुंभ।

**लड़का :** अरे वाह! आप तो लगता है, पी-एच.डी. कर चुकी हैं कुंभ पर।

**लड़की :** सरकार कोई प्रयास न करे तो भी निश्चित समय और तिथि पर आम आदमी संगम पहुँचेगा अवश्य। वैसे ही, जैसे वह सदियों से आता रहा है। बिना निमंत्रण और बिना मीडिया। वह पंचांग देखता और महीनों पहले पैदल या घोड़े से चल देता।

दूर-दूर से यह आम आदमी केवल नहाने आता रहा। विश्वास और कर्म की यही सादगी भारत को देश के ऊपर एक विचार बनाती है। ऐसा विचार, जो अपेक्षा नहीं, आचरण करता है। हाँ, धर्म के चश्मे से देखा जाएगा तो कुंभ का अमृत नहीं लिया जा सकता। केवल धार्मिक यात्रा नहीं है कुंभ। पर्यटन यात्रा और एक विद्यार्थी का सिलेबस है कुंभ। भारतीय कृषि, अध्यात्म, कलाएँ और ज्ञान-विज्ञान के आदान-प्रदान का सदियों पुराना मंच है कुंभ। दक्षिण से यहाँ पहुँचनेवाला उत्तर वासियों को ज्ञान दे जाता और उनकी परंपराएँ व व्यापार के कौशल अपने साथ वापस ले भी जाता। समूचे भारत के किसान, व्यापारी, ऋषि और गृहस्थ सैकड़ों वर्षों से यूँ ही एक-दूसरे के संपर्क में आते रहे और उनके विभिन्न विचार पुष्ट होते रहे।

**लड़का** : तब तो कुंभ विचार-विनिमय का मंच भी हुआ।

**लड़की** : जी हाँ। अभी मैंने आपसे कहा था न कि एक पत्रिका में कुंभ पर कोई लेख पढ़ा था। उसकी कुछ लाइनें भेज रही हूँ आपको।

लड़की लेख की फोटो वाट्सएप करती है। पत्रकार लिखता है—

वर्ष 2002 के प्रयाग कुंभ में मैं रिपोर्टिंग के लिए गया था। वहाँ रात की एक घटना मुझे हमेशा याद आती है। हम तीन लोग त्रिवेणी रोड के किनारे एक टेंट में सो रहे थे। रिपोर्टर मनीष श्रीवास्तव, छायाकार विनय पांडेय और मैं। रात में, अचानक मेरी आँख खुली तो बगल से दाँत किटकिटाने की आवाज सुनाई पड़ी। देखा तो मनीष के दाँत बज रहे थे। हमारे पास चारपाई थी, गद्दे और रजाइयाँ थीं, पर एक तो जनवरी की कड़कड़ाती रात, ऊपर से खुला मैदान और फिर गंगा का किनारा। मैंने कुछ देर सोने की कोशिश की, पर सर्दी के मारे आफत पड़ी थी। जब नहीं रहा गया तो चारपाई से उतरकर टेंट में ही टहलने लगा। तब तक कुछ शोर सुनाई दिया। ऐसा लगा, टेंट के बाहर कुछ लोग बोल रहे हैं। उत्सुकतावश जैकेट पर मोटा शॉल लपेटा और सिर पर टोपी, गले में मफलर चढ़ाकर बाहर निकला तो जो दिखा, उससे मेरी तो सर्दी जाने कहाँ भाग गई। घड़ी देखी तो सुबह के तीन बजा चाह रहे थे, लेकिन सामने सड़क पर रेला लगा था। महिलाएँ, बच्चे, वृद्ध, धोती पहने गाँव के चाचा और शहर के गाउनधारी साहब सब भागे जा रहे थे संगम की ओर। सबके हाथ में एक झोला और कुछ लोग नंगे पाँव। अब जो यह देखा तो मैं उत्साह से भर उठा। भागा

भीतर और एक थरमस उठा लाया। हमारे टेंट से कुछ आगे चाय का ठेला लगा था। पहले तो दो गिलास चाय खुद जमाई और फिर थरमस भरकर वापस लौटा। विनय और मनीष को जगाया, उन्हें चाय पिलाई और बताया कि बाहर चलो और सर्दी भगाओ। वे भी पत्रकार ठहरे, बाहर निकले तो मानव श्रृंखला देखकर उनके लिए भी सर्दी मानो वसंत हो गई और हम तीनों चल दिए संगम की तरफ। जैसे-जैसे आगे बढ़ते, भीड़ भी बढ़ती जाती। लोग सड़क दाबे चले जाते थे। हम लोग उत्साहित। संगम किनारे पहुँचे तो वहाँ लाखों स्नानार्थी जमा थे। कुछ नहाने की तैयारी में थे और कुछ नहाकर वापस लौट रहे थे। एक अपूर्व संसार बसा था संगम तट पर।

**लड़का** : आनंद आ गया। अबकी मैं भी जाऊँगा कुंभ।

**लड़की** : बिल्कुल जाएँ। ऐसी ही होती है, कुंभ की मोहक दुनिया। भक्ति, भाव, ऊर्जा, उत्साह, अध्यात्म और श्रद्धा से सराबोर। कुंभ मात्र एक धार्मिक आयोजन नहीं है। ऐसा कोई भी व्यक्ति, जिसमें देश और समाज को समझने की इच्छा है, यदि वह अपने व्यक्तित्व को समृद्ध करना चाहता है तो उसे कुंभ जाना चाहिए। जाइए और साधु संतों की दुनिया में विचरिए, इसलिए नहीं कि आपको आगे कभी भगवा धारण करना है, बल्कि इसलिए कि जाएँगे तो समझेंगे कि संत समाज कितने कल्याणकारी कार्य करता है? जाने पर ही जान पाएँगे कि साधुओं के अखाड़े न हों तो कुंभ में आनेवाले लाखों-करोड़ों लोगों के लिए भोजन भी न जुट सके। हाँ, इसका एक विपरीत पक्ष भी है। आप वहाँ यह भी देखेंगे कि भूमि के एक टुकड़े के लिए किस तरह साधु समाज प्रशासन पर दबाव बनाता है और आपस में विवाद करता है। जाएँगे तो समझेंगे कि कुछ आश्रमों का फाइव स्टार मैनेजमेंट कैसा होता है। वहाँ ऐसे टेंट भी होते हैं, जिनके कक्ष होटलों के शाही कमरे जैसे लगें और जहाँ ठहरना धनिकों को भी अपने बस से बाहर लगे। सरकारी मशीनरी की चुस्ती को परखने कुंभ जाया जा सकता है और यह देखने भी कि कैसे समाज का आभिजात्य वर्ग वहाँ वैसे ही स्नान करता है, जैसे कि आम कहे जानेवाले लोग। श्रद्धा जहाँ समाजवादी हो जाती है, वह स्थान है कुंभ।

**लड़का** : समाजवादी श्रद्धा!

**लड़की** : हाँ! मेला क्षेत्र के खेमों में रुकने का सबसे बड़ा आनंद यही है कि जब मन चाहा, रात-बिरात उठे और मेले में शामिल हो गए। न सवारी का झंझट और न यह चिंता कि अमुक स्थल से आगे पुलिस जाने नहीं देगी। मेले में तो सबको पैदल चलना है तो आप भी चलिए। मैं भी चलूँ, गोकुल की चाची और राकेश की बुआ भी पैदल चलें। कुंभ दर्शन है, अध्यात्म है, स्कूल है। कुंभ को समझने के लिए जरूरी है कि हमारे पास पर्यटक का उत्साह हो। ऐसा आयोजन दूसरा नहीं मिलता, जो एक साथ कई शिक्षाएँ दे सके। कुंभ में धर्म, समाज, प्रशासन, सबकुछ आपके सामने परत-दर-परत खुलता चलता है।

**लड़का** : अब तो जाना ही पड़ेगा। अभी आपने जो लेख भेजा, वह उतना ही है क्या?

**लड़की** : नहीं, नहीं! उतना कैसे होगा। वह तो एक पैरा था और भेजती हूँ।

लड़की फिर लेख की फोटो भेजती है। पत्रकार लिख रहा है—

2013 के पूर्ण कुंभ में कोरिया के एक यात्री से मैंने पूछ लिया कि आप इतनी दूर से यहाँ क्या करने आए हैं? वह बोला, मैंने कुंभ के बारे में पढ़ा था, पर विश्वास नहीं कर पाता था। यहाँ इसलिए आया क्योंकि अपनी आँखों देखना चाहता था कि कैसे करोड़ों लोग केवल एक नदी में नहाने के लिए दूर-दूर से आकर जमा हो जाते हैं। एक कोरियाई की इस जिज्ञासा के पीछे जाएँ तो कुंभ में आम आदमी की शक्ति और श्रद्धा का प्रमाण मिलता है। उस कोरियाई की यह व्याख्या देश के गहरे संस्करणों का प्रमाण है। सोचकर देखें कि लोग क्या करने आते हैं कुंभ। वे आए, नहाए और गंगा का पानी भरकर ले गए। जिन्हें गंगा या संगम नहीं मिला, श्रद्धा के वशीभूत होकर यमुना में ही स्नान कर लौट जाते हैं। गंगा का पानी मटमैला हो गया है तो भी उन्हें कोई आपत्ति नहीं है। इस नहाने से क्या आनंद मिल जाता है, जो करोड़ों लोग धक्के खाते हुए चले आते हैं। एक दृश्य मुझे कभी नहीं भूलता। 2002 के पूर्ण कुंभ में, किसी शाही स्नान का दिन था। जूना अखाड़े को स्नान करना था और उनकी चाक-चौबंद व्यवस्था के लिए प्रशासन सिर के बल हुआ पड़ा था। नागा साधुओं का स्नान दृश्य समारोह जैसा होता है। भव्य और नयनाभिराम। अपने निश्चित समय पर टोलियों में नागा साधु निकले। सुरक्षा के लिए रस्सियों से बैरीकेडिंग की गई थी। मार्ग के दोनों ओर साधुओं के दर्शन के लिए मनुष्यों की

लंबी कतारें थीं। जयकारों के बीच साधु चल रहे थे। अंतिम साधु निकला ही था कि एक श्रद्धालु रस्सियों के नीचे से निकलकर सड़क पर जा पहुँचा। जिस रास्ते से चलकर साधुओं का दल गया था, उसने वहाँ की मिट्टी उठाई और गमछे में बाँध ली। चरण रज लेना, मैंने सुना बहुत बार था, प्रत्यक्ष तभी देखा। मैं विस्मित और अभिभूत था, श्रद्धा का यह निर्दोष रूप देखकर। मैं सोचता ही रह गया कि क्या किया होगा इस भक्त ने उस मिट्टी का। क्या इसने मिट्टी को अपने पूजागृह में रखा होगा, क्या इसने वह मिट्टी प्रसाद स्वरूप घर के सदस्यों के माथे पर टीके की तरह लगाई होगी? उस भोले भगत की पवित्र भावना के आगे मैं नतमस्तक था।

**लड़का** : कमाल ही है। कुंभ के बारे में अखबारों में पढ़ता, फोटो देखता और बस। इस तरह तो कभी सोचा ही नहीं था।

**लड़की** : कुंभ का असल दृश्य और शक्ति आम आदमी की यही आस्था है। उसे आश्रमों से कोई लेना-देना नहीं, अखाड़ों से कोई मतलब नहीं। वह तो केवल नहाने आया। नहाया और तट पर ही बैठकर घर से लाए गए पूड़ी-आलू जीमा और वापसी की राह पकड़ी। बस, हो गया उसका कुंभ। इतने भर से वह प्रसन्न और गद्गद। इतने भर के लिए वह अपनी बूढ़ी माँ को साथ लाया, अपने पिता को सहारा देकर लाया। माँ-बाप को लगा कि बेटे ने कुंभ नहला दिया तो समझो, बेटे होने का अपना धर्म निभा दिया। यह चमत्कार ही है कि बिना किसी निमंत्रण के लाखों लोग कुंभ का पुण्य कमाने चले आते हैं।

**लड़का** : ठीक कह रहीं। आज तो मीडिया है, सोशल मीडिया है, लेकिन जब यह सबकुछ नहीं था और लोग केवल पंचांग देखकर चले आते स्नान का पुण्य लेने।

**लड़की** : कुंभ असाधारण आयोजन है, लेकिन मुझे लगता है कि इतने लोगों की जुटान का सार्थक लाभ समाज को मिलना चाहिए। पुराने समय में कुंभ ही था, जिसमें देश के दूरस्थ क्षेत्रों के व्यापारी, किसान, सैनिक, विद्वान् एक-दूसरे से मिलते, विचार-विनिमय करते और अपने यहाँ की कृषि, व्यापार और ऐसी ही अन्य जानकारियों की अदला-बदली करते। संतों में शास्त्रार्थ होता, जिसे सुनकर श्रोताओं का ज्ञान बढ़ता। कुंभ वह

मंच था, जहाँ परंपराओं का विनिमय होता। आधुनिक दौर में भी ऐसे बहुत से विषय हैं, जो सामूहिक चर्चा माँगते हैं।

**लड़का** : क्या ऐसा नहीं हो सकता कि संत समाज कुंभ के अवसर का उपयोग लोगों को बालिका विवाह, छुआछूत, कन्या भ्रूण जाँच, दहेज प्रथा, महिला हिंसा, भ्रष्टाचार, धार्मिक भेदभाव, बढ़ती जनसंख्या और अनैतिकता के विरुद्ध जागरूक करने में करे। क्या ऐसा नहीं हो सकता कि इतनी बड़ी भीड़ वहाँ से लौटते समय पर्यावरण बचाने, किसानों से प्रेम करना सीखने और अन्न बचाने के उपाय सीखकर आए?

**लड़की** : सहमत हूँ आपसे। बहुत से लोग स्नान करके कुंभ से लौट लेते हैं, लेकिन बहुत से ऐसे भी हैं, जो कुछ घंटे या एक रात किसी आश्रम में रुककर संतों का प्रवचन सुनते हैं। कुंभ सरकारी नहीं, सामाजिक आयोजन है, इसलिए उसका समयानुकूल उपयोग भी समाज को ही सोचना होगा। भारतीय परंपरा और विचारों का जगमगाता दीप है कुंभ और इसका प्रकाश यूँ ही सदियों तक समाज को आलोकित करता रहे, यही हम सबकी कामना और प्रयास होना चाहिए।

तड़के चार बजे लड़की के फोन पर मैसेज आता है—धन्यवाद।

यही था भारत। यही है भारत।

लड़की सो रही होती है तो मैसेज भला कहाँ से देखती, लेकिन दो घंटे बाद जब वह उठती है तो देखती है एक संदेश उलाहने का भी पड़ा है। लड़की मुस्कराती है और खुद भी धन्यवाद लिखकर भेज देती है। दो घंटे बाद दोनों में मैसेजिंग आरंभ होती है।

**लड़का** : मैसेज नहीं देखतीं आप?

**लड़की** : आप सारी रात क्यों जागते हैं?

यह पढ़ लड़का भी मुस्कराता है और कुंभ पर चर्चा के लिए लड़की को फिर से धन्यवाद देता है।

**लड़की** : आप जाएँगे तो देखेंगे, वहाँ एक नई दुनिया बसी है। अद्‌भुत संसार होता है, कुंभ का।

□

# सात दिन बाद

इस वाट्सएप संवाद के बाद लड़की एकदम शांत हो गई थी। लड़के ने दो-एक बार गुड मार्निंग के फूल भी भेजे और दो-तीन बार सुप्रभात लिख भेजा, पर लड़की सन्नाटा मारे बैठी थी। फिर लड़का भी चुप बैठ गया। आठ-दस दिन बाद अचानक फिर आधी रात, उसका फोन घनघनाया। लड़की का मैसेज था। उसने बताया, वह अपनी किसी दोस्त के घर पहाड़ चली गई थी। मैसेज का जवाब क्यों नहीं दिया, लड़के के इस उलाहने पर लड़की का तर्क था, पहाड़ में नेटवर्क कम आता था। फिर उसने यह भी बताया कि वह कुछ दिन प्रकृति की निकटता चाह रही थी तो फोन बंद ही रखती थी।

कुछ देर की चुप्पी के बाद लड़की ने ही मैसेज किया—

**लड़की** : आप नाराज हो गए क्या?

**लड़का** : नहीं, नाराज नहीं, पर मैसेज के जवाब की अपेक्षा तो थी ही।

**लड़की** : सॉरी! अच्छा यह बताएँ आप तो सरकारी डॉक्टर हैं, फिर भी इतना कैसे पढ़ लेते हैं, टाइम मिल जाता है आपको?

**लड़का** : टाइम निकालना पड़ता है। शौक है तो समय भी निकल आता है। मैं उन लोगों से सहमत नहीं, जो कहते हैं कि उनके पास पढ़ने का समय नहीं है।

**लड़की** : आपके ड्यूटी आवर्स क्या रहते हैं?

**लड़का** : मत पूछें। डॉक्टरी का काम अब गाली खाने का हो गया है।

**लड़की** : आप लोग भी तो मरीजों का शोषण करते हैं।

**लड़का** : हाँ, कुछ लोग गलत हैं, पर ऐसा तो हर पेशे में होता है। अपने को ही देख लें। कितने टीचर पढ़ाने में रुचि लेते हैं। लोग यह तो देखते हैं कि अमुक अस्पताल में कुछ लोगों को इलाज

या दवा नहीं मिली, पर उन्हें यह भी देखना चाहिए कि कितने हजार लोग उसी सरकारी अस्पताल से ठीक होकर निकलते हैं। सरकारी अस्पतालों में एक दिन में एक-एक विभाग की ओपीडी आठ-नौ सौ मरीजों की होती है। कई बार हम लोग एक कप चाय को भी तरस जाते हैं। इतने रोगी तो किसी बड़े नर्सिंग होम में हफ्ते भर में भी नहीं देखे जाते।

**लड़की** : यह तो सही कह रहे आप। अच्छा, आपको कुछ पढ़वाना है?

**लड़का** : क्या?

**लड़की** : पढ़ेंगे?

**लड़का** : भेजें। पढ़ूँगा क्यों नहीं?

**लड़की** : भेजती हूँ। मैंने काफी पहले कहीं लेक्चर दिया था। किसी ने रिकॉर्ड करके मुझे उसका टेक्स्ट भेजा था। आपको पढ़ाने का मन है, इसलिए भेज रही हूँ। ···और इसलिए भी कि यह लेख किसी पत्रिका ने माँगा है। आप देखने के बाद कुछ नई बातें बताएँ और यदि मैं उनसे सहमत हुई तो लेख संशोधित कर दूँगी।

**लड़का** : पर मुझे क्यों?

**लड़की** : इसलिए कि आपके और मेरे विचार मिलते हैं। अच्छा, अब भाव न खाइए और जो भेज रही हूँ, उसे पढ़कर राय दीजिए।

**लड़का** : राय कल दूँ तो काम चलेगा?

**लड़की** : नहीं, बिल्कुल नहीं। अभी चाहिए राय।

(लड़का मुसकराता है। अब तक वह लड़की का स्वभाव समझ चुका था।)

**लड़का** : ठीक है।

दो ही मिनट बाद लड़के के फोन पर फिर एक लेख आ गिरता है। लड़का तकिए को डबल करके उस पर तिरछा लेटता है और पढ़ने लगता है। फौरन ही, वह लेख में डूब जाता है। शीर्षक उसे आकर्षित करता है। लेख का आरंभ एक लोकगीत से है—

□

# लोकगीतों में लोकतंत्र

एक लोकगीत देखें—

**नाहीं मोर चरहा झुरान न पानी बिनु मुरझिउं।**
**हरिना! आजु राजाजि के छट्टी तुहै मारि डरिहैं।।**

गीत की अंतिम लाइनें हैं—

**जब जब बाजइ खंजड़िया, सबद सुनि अनकई।**
**हरिनी दौरि ढकुलिया के नीचे हरिन क बिसुरई।।**

यह अवध का लोकगीत है। न रचनाकार का पता और न रचनाकाल का। इसे समाज ने रचा। स्त्रियों, किसानों और उनके जैसे अन्य परिश्रमी कामगारों ने रचा। गीत का भाव यह है कि हिरन अपनी हिरनी से उसकी अन्यमनस्कता का कारण पूछता है तो हिरनी जवाब देती है, 'मन इसलिए उदास है कि सुना है, आज राजकुमार की छठी है और इस कारण तुम्हें मार दिया जाएगा।' हिरन उसकी चेतावनी पर ध्यान नहीं देता, किंतु कुछ देर बाद वास्तव में ही शिकारी उसकी हत्या कर देते हैं। दु:खी हिरनी कौशल्या के पास जाकर कहती है कि मेरे हिरन का मांस तो तुम्हारी रसोई में पक ही रहा है, पर मुझे तुम उसकी खाल दे दो तो मैं एक पेड़ पर टाँगकर उसे ही निहार लिया करूँगी, पर कौशल्या हिरनी की यह कातर पुकार भी नहीं सुनतीं और उसे साफ मना कर देती हैं। गीत के अनुसार, कौशल्या कहती हैं कि वह हिरन की खाल नहीं दे सकतीं, क्योंकि उससे तो उन्हें बालक राम के खेलने के लिए खंजड़ी (बाजा) बनवानी है। खंजड़ी बनाई जाती है और यह जब भी महलों में बजती तो शिशु राम हँस पड़ते, जबकि उधर कातर, व्याकुल हिरनी महल के बाहर एक पेड़ के नीचे खड़ी होकर खंजड़ी सुनती और संतोष कर लेती कि यह स्वर उसके हिरन की खाल से बने बाजे से निकला है। प्रियतम न सही, उसकी खाल से बना बाजा ही सही।

लड़का इतना ही पढ़ता है और लड़की को बरबस ही मैसेज कर बैठता है।

**लड़का :** यह लोकगीत तो बड़ा मार्मिक है।

लड़की जवाब में हाँ, लिख भेजती है और फिर दोनों में मैसेजिंग होने लगती है।

**लड़का :** क्या समृद्ध लोक है! विरह और मार्मिकता की पराकाष्ठा?

**लड़की :** हिरनी का दुःख पढ़नेवाले का कलेजा निकाल लेता है। लोकगीत की नायिका हिरनी है, जबकि ममता की मूर्ति मानी गई कौशल्या का चित्रण नकारात्मक है। महारानी कौशल्या के सामने एक पशु की जय बोली गई। यह लोकगीत उस अवध में रचा गया, जिसके राजकुमार थे राम। छठी राम की थी। सोचकर देखें, कैसे विलक्षण लोग थे। ऐसे लोकगीत रचने का कौशल और सहमति जो समाज दे, वह तो उदारता का सागर हुआ। उस समाज की आंतरिक शक्ति की कल्पना करें, जो अपने आराध्य को भी आलोचना के भाव से देख लेता है। स्वयं की समीक्षा करती यही लोकदृष्टि समाज की शक्ति है। यही विचारों को मथती है, जिससे अमृत निकलता है और तब कहीं जाकर धर्म व समाज प्रगतिशील होते हैं।

**लड़का :** लोक की कसौटी कड़ी होती है। जिसे लोक ने पास कर दिया, उसे फिर किसी और मान्यता की आवश्यकता नहीं।

**लड़की :** जी हाँ। लोक ही है, जिसने विभीषण को रामभक्त की सीमा में बाँध दिया। लोक ने विभीषण को न तो अच्छा भाई माना और न देशभक्त। वे केवल मुखबिर होकर रह गए।

**लड़का :** ...और भी गीत याद होंगे आपको?

**लड़की :** थोड़े बहुत याद हैं। माधवजी! हमारे अनेक लोकगीत हैं, जिनमें लड़की अपने पिता से अच्छे, वीर और साक्षर वर की इच्छा जता देती है। बहू अपनी सास से भी परिहास कर लेती है और ससुर से भी बात करने में उसे कोई संकोच नहीं होता। एक उदाहरण देखें—

**सभवहिं बैठे हैं ससुरु त बहुआ से पूँछई हो।**
**बहुआ कवन कवन तप कीहिउ होरिल बड़ सुंदर हो।।**

बहू का उत्तर आता है—

**सासु के बचन न टारेउँ न ननदा तुकारेउँ हो।**
**ससुरु कबहूँ न लाई लूकी लायउँ नाहीं रे जानौ वहि गुन हो।।**

**लड़का** : अर्थ?

**लड़की** : चार लोगों के बीच बैठा ससुर अपनी बहू से उसकी संतान की सुंदरता का कारण पूछ रहा है और बहू भी उतने ही खुलेपन से उत्तर दे रही है। वह कहती है—उसने सास की बात मानी, ननद की उपेक्षा नहीं की और कहीं कानाफूसी भी नहीं की तो शायद इसीलिए उसका पुत्र इतना सुंदर हुआ। कितना अनोखा संवाद है। ससुर और बहू एकदम पिता-पुत्री की भाँति व्यवहार कर रहे हैं। ऐसे हजारों लोकगीत हैं। इस बातचीत का एक और महत्त्वपूर्ण अर्थ है। यह कि भारतीय समाज में परदा कभी नहीं था। परदा बहुत बाद में आया, इस्लाम के साथ आया और औरत को घर के भीतर कैदखाने में ले गया।

**लड़का** : ...और औरत बंद हुई तो समाज भी बंद हो गया!

**लड़की** : लोकगीतों के अनेक विषय थे। वे जाति पर प्रहार करते, धर्म की कुरीतियों का विरोध करते, साक्षरता की वकालत करते, रणभूमि में जाने के लिए पिता, पति और भाई को ललकारते और बेटियों को अच्छी सीख देने के लिए माँ को समझाते। लोकगीत हमारी संस्कृति का दर्पण हैं। अवध में मछलियों की मान्यता बहुत है, यहाँ तक कि अवध का लहसुन-प्याज न खानेवाला ब्राह्मण परिवार भी उसके घर से जब कोई परीक्षा देने जाता है या किसी शुभ काम से निकलता है तो पीछे से कहा जाता है, दही-मछली। नवाबी काल में भी मछली का मान बढ़ा और अब तो यह उत्तर प्रदेश के राजकीय चिह्न में भी विराजमान है।

**लड़का** : लोकगीतों में भी मछली है क्या?

**लड़की** : क्यों नहीं। मांगलिक अवसरों पर अवध में गाए जानेवाले एक लोकगीत की दो लाइनें सुनें—

**'जल में चमके जल की मछरिया,**
**रन चमके तलवार रे।।**

**भरी सभा में मोरे सैंया की पगड़िया,**
**सेजिया पे बिंदिया हमार रे।।'**

ऐसे ही जीवंत लोकगीतों का एक अंग गालियाँ भी थीं। जैसे—

**समधी भड़वा कै मुँहवा कैसा लागै,**
**जैसे बानर का मुँहवा वैसा लागै।**
**समधी भड़वा कै मुँछवा कैसन लागै,**
**जैसे बकरा के पुँछवा वैसन लागे।**

यह है गारी। गाली नहीं, मधुर-मनोहर गारी।

**लड़का** : वाह गुरु! आनंद आ गया। सही कह रही हैं, आप।

**लड़की** : गुरु! गुरु क्यों कह रहे?

**लड़का** : बस, ऐसे ही।

**लड़की** : आप भी! अच्छा सुनें, इंस्टेंट शादियों और डिजाइनर बारातियों के इस दौर में किस कमबख्त को भला फुरसत है कि लड़केवालों के नाम गालियाँ उछाले और बदले में, उतनी ही वजनी-वजनी सुने भी। गए वे जमाने, जब समधियाने को सामने बैठाकर लड़की की बुआ, चाचियाँ और दादियाँ चुन-चुनकर ऐसे करारे जुमले उछालतीं कि जो दो-चार अंग्रेजी पसंद वहाँ होते तो घबराकर सरक लेते। किसी जमाने में तीन दिन की बारात होती। उसका आनंद अवर्णनीय होता। पहले दिन बारात का स्वागत और विवाह हो जाता और दूसरे दिन कच्ची होती। कच्ची, यानी कच्चा खाना। कढ़ी-करायल, दही-बड़े जीमे जा रहे हैं, फूली-फूली रोटियाँ चली आ रही हैं, लड़की का भाई-भतीजा या कोई और देशी घी का कटोरा लिये लड़केवालों की थाली में धार बनाए पड़ा है, वर पक्ष के गाढ़े-गाढ़े बुजुर्ग गरदन टेढ़ी किए बैठे हैं और उनके पीछेवाले बरामदे में समधियाने की औरतें चुन-चुनकर गारी सुना रही हैं। सुननेवाला भी हँस रहा है और सुनानेवाली भी मुँह में आँचल दबाए हँसी रोकने की कोशिश कर रही है। जिस बाराती को गाली पड़ती, वह मुसकराता और न्योछावर करता। अपनी तरफवालियों को जवाब देने के लिए उकसाता। ऐसा भी होता

कि सामने चार बाराती बैठे हैं, उनमें तीन को ही गाली पड़ी तो चौथा बुरा मान बैठा कि हम क्या सौतेले हैं। जो गाली ऊपर लिखी गई, फिल्म सेंसर बोर्ड की जुबान में वह 'यू' सर्टिफिकेट वाली है, लेकिन एडल्ट सिनेमा भी भरपूर होता इन गालियों में। ऐसी-ऐसी गालियाँ औरतें सुनातीं कि जो बारात का मौका न हो तो लाठी चल जाए।

**लड़का** : आपने तो ऐसा वर्णन किया शादी के खाने का कि मुँह में पानी आ गया। बड़ी जानकारी है आपको?

**लड़की** : पुरखों से सीखा है। मैं कौन जानकार पैदा हुई थी। आप तो बस यह देखिए कि ढोलक की थाप पर शादियों में गाली देने-लेने की यह अनूठी परंपरा हमारी थाती है। गालियों का उद्‌देश्य इतना ही था कि इस बहाने वर-वधू पक्ष में सहजता लाई जाती। विवाह का तनाव कम होता और लोग हँसते। बैठकी होती, जिसमें लोग सुख-दुःख कहते।

**लड़का** : वैसे भी भारत में विवाह दो व्यक्तियों में नहीं, दो परिवारों का होता है और जिसमें भरपूर सामाजिकता निभाई जाती है।

**लड़की** : समय की कमी की दुहाई देती नई पीढ़ी सोच सकती है कि लोग बुरा मान जाते होंगे, पर नहीं। लोग बुरा मानते, तो यह प्रथा हजारों साल भला कैसे चलती। एक कथा भी है कि शिव की बारात जब पार्वती को ब्याहने पहुँची तो वहाँ भी देवताओं को गालियाँ पड़ी थीं।

एक और गारी देखें…

**हमरे समधी कै नरम कलाई,**
**जैसे फटहै दूध कै मलाई।**

जो समाज अपने सबसे महत्त्वपूर्ण संस्कार के समय गालियाँ देने-सुनने की उदारता बरते, उसका भला क्या कहना। वह सहिष्णु, व्यापक और गहरा हुआ। इसीलिए लोकगीतों का संरक्षण और संवर्धन आवश्यक है।

**लड़का** : इसके लिए तो फिर बहुत कुछ करना होगा। मेरे हिसाब से कॉलेजों में लोकगायन प्रतियोगिताएँ होनी चाहिए, समझदार लोगों को अपने यहाँ के वैवाहिक समारोहों में संगीत का

आयोजन अवश्य कराना चाहिए। फिल्मी गीत ठीक हैं और वे भी होने चाहिए, लेकिन जीवन की सीख लोकगीत ही देते हैं और जाननेवाले जानते हैं कि सबसे हिट फिल्मी गीतों में अधिकतर का बेस कोई-न-कोई लोकगीत ही रहा।

**लड़की** : सही समझे आप। लोक का आदि लोक है। लोक की सृष्टि लोक ने बनाई...सैकड़ों, हजारों सालों में। उसके विचार समय द्वारा मथे गए हैं, इसलिए उनके निष्कर्ष अमिट और स्थायी हैं।

यही था भारत। यही है भारत।

एक घंटे बाद—

**लड़का** : आपने हिरनीवाले जिस गीत का उल्लेख किया है, वह आपके पास पूरा तो होगा ही।

**लड़की** : हाँ है। क्यों?

**लड़का** : मैसेज करें मुझे।

**लड़की** : इतना पसंद आया वह लोकगीत आपको? वैसे है तो मार्मिक। भेजती हूँ। मेरे फोन में ही है। अभी लीजिए। मिनट भर में लोकगीत लड़के के फोन की शोभा बढ़ा रहा होता है—

**छापक पेड़ छिउलिया त पतवन गहबर।**
**अरे रामा, तेहि तर ठाढ़ि हरिनिया त मन अति अनमनि।।**
**चरतै चरत हरिनवा त हरिनी से पूंछई।**
**हरिनी! की तोर चरहा झुरान कि पानी बिन मुरझिऊँ।।**
**नाहीं मोर चरहा झुरान न पानी बिनु मुरझिऊँ।**
**हरिना! आजु राजाजि के छट्टी तुहै मारि डरिहैं।।**
**मचियै बैठी कौसिल्या रानी हरिनी अरज करई।**
**रानी! मसुवा त सिझहिं रोसइयां खलरिया हमैं देतिऊ।।**
**पेड़वा से टँगतिऊँ खलरिया त हेरफेरि देखतिऊँ।**
**रानी! देखि देखि मन समुझाइत जनकु हरिना जीतइ।।**
**जाहु हरिनि घर अपने खलरिया नाहीं देबई।**
**हरिनी! खलरी क खंझड़ी मिढ़उबई त राम मोर खेलिहँई।।**
**जब जब खँझड़िया सबद सनि अनकई।**
**हरिनी दौरि ढँकुलिया के नीचे हरिन क बिसुरई।।**

पढ़ने के बाद लड़का फिर फोन पर आता है और मैसेज करता है।

**लड़का** : यह बात भी मुझे समझ में आ रही है कि आज तो थोड़ी-थोड़ी बातों में ही अभिव्यक्ति की स्वतंत्रता पर हमले होने लगते हैं। सोशल मीडिया पर लोग एक-दूसरे को बरदाश्त करने को तैयार नहीं, जबकि यह लोकगीत घर-घर गाया जा रहा है। सभी वर्गों, जातियों में गाया जा रहा है। यही तो होती है, सहिष्णुता। बहुत भावुक हो गया, मैं गीत पढ़कर। यह आपको कहाँ से मिला?

**लड़की** : स्व. रामनरेश त्रिपाठीजी की लोकगीतों पर एक पूरी पुस्तक है। आजादी के पहले और भरपूर शोध करके लिखी गई पुस्तक है वह। जब रेल और अन्य परिवहन सेवाएँ आज जैसी नहीं थीं, तब देश भर की खाक छानी थी त्रिपाठीजी ने। कभी लखनऊ जाएँ तो वहाँ अमीनाबाद में इंडियन बुक डिपो से ले लें। एक बात बताती हूँ आपको। कहते हैं, रामनरेश त्रिपाठीजी ने जब यह गीत महात्मा गांधी को सुनाया तो वे रो पड़े थे।

**लड़का** : गीत ही ऐसा मार्मिक है। कोई भी तटस्थ होकर इस लोकगीत की आत्मा में झाँकेगा तो उसे भारतीय समाज की विशालहृदयता को मानना ही पड़ेगा। लोकगीत पढ़वाने के लिए आपका हृदय से आभार।

**लड़की** : त्रिपाठीजी की पुस्तक से ही आपको मैं एक बढ़िया बात बताती हूँ। आपको रोचक लगेगी। पुस्तक में एक जगह त्रिपाठीजी ने लिखा है, 'परदा हिंदुओं की चीज नहीं।' हिंदुओं ने भयवश इसे अपनाया, पर अपने गीतों में इसे जगह नहीं दी। गीतों में बहू अपने ससुर और जेठ से खुल्लमखुल्ला बातें करती है। वे लोग भी बहू से बातें करने में संकोच नहीं करते।

**लड़का** : यह तो आपने अच्छी कही। अगली लखनऊ यात्रा में त्रिपाठीजी मेरे साथ ही आएँगे कानपुर।

**लड़की** : लोकगीत लोक है और लोक सच बोलता है। लोक पॉलीटिकली करेक्ट होने की चिंता नहीं करता। उसी पुस्तक से एक और लोकगीत भेजती हूँ। एक बेटी का दर्द देखें—

**बाबा निबिया के पेड़ जिनि काटेऊ,**

**निबिया चिरिया बसेर-बलैया लेऊँ बीरन।**
**बाबा बिटियऊ जिनि केऊ दुःख देऊ,**
**बिटिया चिरिया की नाईं।**

पिता-पुत्री का संवाद है यह। बेटी ससुराल जा रही है। घर के सामने उसी का लगाया नीम का पेड़ दिखता है तो वह पिता से कहती है कि इसे मत काटना, क्योंकि इस पर चिड़ियों का बसेरा है। पिता का उत्तर है—बेटी को भी कोई कष्ट न हो। बेटी भी तो चिड़िया ही होती है। चिड़िया उड़ जाएँगी तो नीम अकेला रह जाएगा और बेटी चली जाएगी तो माँ अकेली रह जाएगी।

**लड़का** : निःशब्द हूँ।

**लड़की** : अच्छा, एक बात बताएँगे ?

**लड़का** : जी पूछें।

**लड़की** : आपके परिवार में कौन-कौन है ?

**लड़का** : क्यों पूछ रहीं ?

**लड़की** : आपको बताने में दिक्कत है ?

लड़का हँसता है और फिर टाइप करता है कि बताया तो था, एक बहन है। आपसे तो बात हो चुकी है उसकी।

**लड़की** : वह तो मैं जानती हूँ। मेरा आशय था, आपके परिवार में कौन-कौन है ?

**लड़का** : इरादा क्या है ?

**लड़की** : ओएलएक्स पर डालूँगी आपको।

**लड़का** : अकेला हूँ। शादी नहीं की मैंने भी।

**लड़की** : भी का क्या मतलब ?

**लड़का** : आपने भी तो नहीं की।

**लड़की** : मेरी छोड़ें और जितना पूछा जाए, उतना बोला करें।

लड़का चुप तो हो जाता है, पर समझ जाता है, लड़की कह चाहे जो रही हो, बुरा उसे नहीं लगा है।

□

# गा री! गारी बड़ी मतवारी

लड़का दो दिन तो लोकगीतों की खुमारी में रहता है और फिर तीसरी रात लड़की को मैसेज करता है।

**लड़का** : अच्छा यह बताएँ, इस लेख में आपने गालीवाली बात तो जोरदार लिखी है। आनंद आ गया पढ़कर। सही बात है। अब कहाँ फुरसत है, लोगों को गाली सुनने की। शादी भी अब तड़ापड़ होती है। लड़का-लड़की तो छोड़ो, माता-पिता भी पंडितजी पर फेरे जल्दी-जल्दी कराने का दबाव बनाते हैं।

**लड़की** : अब तो शादियों में खाने का अंतर भी नहीं पता चलता। सब जगह एक-सा ही मैन्यू रहता है।

**लड़का** : जी, पर यह बताएँ, ये जो आपने गाली लिखी है, आपको आती है क्या?

**लड़की** : क्यों! मैं नहीं सीख सकती गाली, आप ही लोगों का कॉपीराइट है गाली पर?

**लड़का** : अरे, नहीं भाई। मैं तो इस गाली, शादीवाली गाली के लिए कह रहा था। आप तो लड़ने ही लगती हैं।

**लड़की** : मैं लड़ती हूँ! मैं!

लड़का समझ गया, गलत नंबर डायल हो गया। फौरन उसने सरेंडर किया और वह बात पकड़ी, जिसमें उसकी रुचि थी। विवाह समारोहों की गालियाँ उसे बड़ी मनोहारी लगती थीं। बचपन में उसने सुनी भी थीं। सच तो यह कि उसे कुछ याद भी थीं। लिहाजा वह विषय पर टिका रहा, भटका नहीं। उसने फिर टाइप किया कि लड़की को कुछ गालियाँ याद हैं क्या?

**लड़की** : याद क्यों नहीं होंगी, मैंने कुछ जमा की हैं। सुनेंगे?

**लड़का :** अभी! फोन पर!

**लड़की :** तो और क्या सामने?

**लड़का :** आप मुझे गाली देंगी?

लड़की की बेसाख्ता हँसी छूट जाती है। सोचती है, लड़का सीधा है। फिर वह टाइप करती है—

हाँ, लिखकर दूँगी गाली।

**लड़का :** जी, दें।

(लड़का भी जान रहा है कि यहाँ विवाहवाली गालियों की बात हो रही। लिहाजा वह भी पढ़ने को उत्सुक है।)

लड़की का बहुत लंबा संदेश आता है। संदेश क्या गाली आती है—

**सुनो प्यारे समधी की अब बड़ाई,**
**समधी की बहिन बड़ी हरजाई,**
**बन्नी के पापा से आँखें लड़ाईं,**
**हाय! रामपुरवालों ने ताली बजाई।।**
**खिड़की के रस्ते से लीनी भगाई**

(रामपुर उस मुहल्ले का नाम है, जहाँ बारात गई हुई है। स्थानीयता के अनुसार मुहल्ले का नाम बदल दिया जाता है। जैसे, गांधीनगरवालों ने ताली बजाई या सुभाषनगर वालों ने ताली बजाई।)

**सुनो प्यारे समधी की अब बड़ाई,**
**समधी की भाभी बड़ी हरजाई,**
**बन्नी के पापा से आँख लड़ाई,**
**हाय! रामपुरवालों ने ताली बजाई।।**
**खिड़की के रस्ते से लीनी भगाई,**
**बन्नी की चाची ने आँख लड़ाई,**
**हाय! रामपुरवालों ने ताली बजाई।।**

अब देखें, गीत में कुछ भी खास नहीं है। बस, एक ही लाइन को नाम बदल-बदलकर दोहराया जा रहा है, लेकिन यही गीत ढोलक मंजीरे की थाप पर और सामूहिक स्वरों में बहुत सारे गलों से फूटता है तो अद्भुत समाँ बँध जाता है। दोनों पक्षों की तरफ से हास-परिहास का यह मौका होता है जो शादी के सारे तनावों को शिथिल कर देता है। मैं तो उन्हें भाग्यशाली मानती हूँ, जिन्होंने शादियों में गाली गाने

का यह दृश्य देखा है। वे बड़े गुणी लोग थे, जिन्हें गाली गाने का यह शऊर था और उन लोगों की तो प्रशंसा में भला कहा ही क्या जा सकता है, जो ये गालियाँ सुनते और फिर मगन होकर गाली देनेवाले पर न्योछावर करते। यही है असली सहिष्णुता।

एक और देखें। अब लड़कीवाले जवाब दे रहे हैं—

**मैं समधीजी को गाली न देबो,**
**मेरे समधी के गोरे गोरे गलवा,**
**मैं समधीजी के पाउडर लगइबे।।**
**मेरे समधीजी की पतली कमरिया,**
**मैं समधीजी के लहँगा पहिनइबे।।**
**मेरे समधीजी के गोरे गोरे हथवा,**
**मैं समधीजी को चुड़िया पहनइबे।।**
**मेरे समधीजी की बड़ी बड़ी अंखियाँ,**
**मैं समधीजी के कजरा लगइबे।।**
**मेरे समधीजी के पतले पतले होंठवा,**
**मैं समधीजी के लाली लगइबे।।**

चूँकि पहले बारात में महिलाएँ नहीं जाती थीं तो इसलिए वधू पक्ष के निशाने पर समधी रहते। लड़के का पिता तो पहला निशाना होता ही, लड़के के चाचा, फूफा, मामा और बहनोई खासतौर पर धरे जाते।

**लड़का** : वाह! कभी लोग बुरा नहीं मानते थे, गालियों का, लड़केवाला होने की ऐंठ नहीं रखते थे?

**लड़की** : मैंने तो कभी नहीं सुना कि इन गालियों के कारण किसी की शादी टूटी हो या किसी नई दुल्हन को ताना दिया गया हो कि तुम्हारे यहाँ हमारे लोगों को बड़ी गालियाँ दी गई थीं। उल्टे जिसे गाली न मिलती तो माना जाता, उसकी मार्केट डाउन हो गई। पुराने लोग बताते हैं कि वर और वधू दोनों पक्षों के लोग बड़ी तैयारी से गाली सुनते और फिर वर पक्ष लौटकर मनोयोग से वे गालियाँ दोहराता। इसका लाभ यह भी होता कि एक अंचल की गाली, दूसरे अंचल पहुँच जाती। थोड़ा सा शब्द बदलते, थोड़ी सी आँचलिकता आती, पूरब की गाली पश्चिम की हो जाती और बुंदेली गाली अवध की शान बढ़ाने लगती।

लड़का परम प्रसन्न था। उसने संदेश टाइप किया, "और भेजिए…"

लड़की का जवाब आया, "अभी लीजिए।"

फिर लड़की को पाँच मिनट टाइप करने में लगते हैं और एक अन्य गाली लड़के के फोन की शोभा बढ़ाने लगती है—

**मार दिया रे रसगुल्ला घुमा के,**
**पहला रसगुल्ला पंडित को मारा,**
**छोड़ दिया रे तुझे बुड्ढा समझ के।**
**मार दियो रे…**
**दूसरा रसगुल्ला जेठ को मारा,**
**छोड़ दिया रे तुझे गुंडा समझ के।**
**मार दिया रे…**
**तीसरा रसगुल्ला देवर को मारा,**
**छोड़ दिया रे तुझे छैला समझ के।**
**मार दिया रे…**
**चौथा रसगुल्ला ननदोई को मारा,**
**छोड़ दिया रे तुझे तोंदू समझ के।**

गालियों में प्रयोग भी होते। गाली खानेवाले की मोटाई, लंबाई या उसका कृशकाय शरीर भी गालियों के दायरे में आता। कोई चश्मा लगाए है तो चश्मे को भी गाली में शामिल कर लिया जाता।

लड़की मूड में थी। लड़का अभी यह गाली पढ़कर आनंदित हो ही रहा था कि लड़की ने एक और गाली लिख भेजी—

**आजा प्यारी चने के खेत में,**
**मेरे खेत में बोड़ा,**
**बन्नी की मामी को ले गया घोड़ा।**
**आजा प्यारी…**
**मेरे खेत में आलू,**
**बन्नी की भाभी को ले गया भालू।**
**आजा प्यारी…**
**मेरे खेत में बंडा,**
**बन्नी की दीदी की ले गया पंडा।**
**आजा प्यारी…**

इतना भेजने के बाद लड़की ने लड़के को संदेश भेजा, "कैसी लगीं गाली ?"

**लड़का** : बहुत अच्छी। यह तो संग्रह कर लूँगा।

एक और आधुनिक गाली देखें—

**बन्ने तेरी अम्माँ¨**
**घर भर से बुरी निकली,**
**सोनरा के घर से निकली,**
**जब ली गई तलाशी,**
**जेवर पर जेवर निकला।।**

इसे कई बार गाया जाता बस, सुनार की जगह कभी हलवाई और मोची हो जाता तो कभी पंसारी और बजाजा।

**लड़का** : वाह !

**लड़की** : कुछ और लाइनें भेज रही हूँ। ये गाली नहीं है, पर आप इनमें छुपे हास्य का आनंद ले सकते हैं—

**मुझे छोटी न समझो, जुलम करूँगी,**
**तुम क्लब ले चलो, मैं संग ले चलूँगी**
**तुम बाजा बजाना, मैं डांस करूँगी,**
**तुम खाना बनाना, मैं टेस्ट करूँगी,**
**तुम बिस्तर लगाना, मैं रेस्ट करूँगी,**
**तुम बच्चे खिलाना, मैं पिक्चर देखूँगी।।**

लड़के का पाँच मिनट बाद ही मैसेज आता है कि दिल खुश हो गया। लड़की कहती है कि समझने की बात यह है कि इस गीत के अंग्रेजी अक्षर और पिक्चर का उल्लेख किया जाना साबित कर रहा है कि ऐसे गीत कहीं अब भी रचे जा रहे हैं। लड़की यह भी कहती है कि एक और गाली भेजकर वह सोने जा रही है।

**लड़का** : भेजें, भेजें।

दस मिनट बाद लड़के की वाट्सएप मैसेज टोन बजती है और गाली आ गिरती है—

**बरई ने बीड़ा लगाया,**
**तेरे बीड़े में अजब बहार**
**बीड़े को बन्नी की अम्मा ने खाया,**
**खाते ही गरब रह जाए**

**हथवा रुमाल ले के रोओ बन्नी के पापा**
**बरई ने बीड़ा लगाया रे···**
**तेरे बीड़े में अजब बहार**
**बीड़े को बनिया की मामी ने खाया,**
**खाते ही गरब रह जाए**
**हथवा रुमाल ले के रोओ बन्नी के पापा**
**बरई ने बीड़ा लगाया रे···**

लड़का मुदित होता है और लड़की को धन्यवाद भेजता है।

**लड़की** : गुडनाइट !

**लड़का** : अभी से गुडनाइट! मैं भी कुछ पढ़ाना चाहता हूँ, आपको। आपने पिछली किसी चैटिंग में अमीर खुसरो का उल्लेख किया था। मुझे भी वह बहुत पसंद हैं। उनके गीत–काहे को ब्याही बिदेस सुनकर लड़की हिंदू की हो या मुसलमान की, अपनी विदाई पर सात सौ साल से रोती आ रही है। उनकी एक रचना आपको पढ़ाना चाहता था, पर संकोच कर गया। अभी आपने गालियों की बात की तो वह फिर ध्यान आ गए।

**लड़की** : अरे! संकोच कैसा? वह भी साहित्य में! भेजें! भेजें!

**लड़का** : असल में, वह मुकरी है।

लड़की हँसती है और संकोच का कारण समझ जाती है। उसे तो खुसरो की मुकरियाँ जबानी याद थीं।

**लड़की** : खुसरो ने तेरहवीं सदी में मुकरियाँ लिखीं। मुकरी मध्यकालीन भारतीय समाज की जीवंतता का चित्रण है। यह स्त्रियों की परस्पर ठिठोली है। कहना और फिर कहे से मुकर जाना। वह मुकरी टाइप करती है—

**बन ठनकर सिंगार करे।**
**धर मुँह पर मुँह प्यार करे।।**
**प्यार से मोपै देत है जान।**
**ऐ सखी साजन ना सखी पान।।**

और यह एक और···

**अंगों मेरे लिपटा रहे।**
**रंग रूप का सब रस पिए।।**

**मैं भर जनम न वाको छोड़ा।**
**ए सखी साजन ना सखी चूड़ा।।**

**लड़का** : अरे वाह! आपने तो झट से भेज दिया। वह भी एक मुकरी भेजता है—

**छठे छमाहे मेरे घर आवे।**
**आप हिले और मोय हिलावे।।**
**नाम लेते मेय आवे संखा।**
**ऐ सखी साजन ना सखी पंखा।।**

**लड़का** : वाह! आनंद आ गया।

**लड़की** : आपको तो आएगा ही आनंद। यह देखें कि मुकरी की पहली तीन लाइनें किसी और ही रसपूर्ण अर्थ का बोध कराती हैं, लेकिन अंतिम पंक्ति बिल्कुल अलग ही अर्थ देती है। आनंदमग्न होकर यह वर्णन सुना रही स्त्री से उसकी सखि पूछती है कि तेरे साथ जैसा हुआ, वैसा रसीला व्यवहार तो साजन करता है। जिसने ऐसा किया, वह तेरा साजन था न तो पहली स्त्री पलट जाती है। वह बात घुमा देती है और कहती है कि नहीं, साजन कहाँ! वह तो चूड़ा था। स्त्री की तर्कशक्ति विलक्षण है। वह साजन और चूड़ा को एक ही अर्थ में पिरो रही है। दोनों सखियाँ खूब जान रही हैं कि कहा क्या गया था और समझाया क्या जा रहा है। सोचिए भला, इक्कीसवीं सदी में भी जो स्त्री अनेक बंधनों में बँधी दिखती है, वह तेरहवीं शताब्दी के लोकजीवन में कैसे खुलकर द्विअर्थी संवाद करती और जीवन को उसकी संपूर्णता में जीती थी।

**लड़का** : इस लेखन के लिए खुसरो को तब के समाज ने सलमान रुश्दी नहीं बनाया। इसके उलट उनकी मुकरियों को साहित्य में क्लासिक का दर्जा मिला।

**लड़की** : यही तो होती है सहिष्णुता, डॉक्टर साहब। एक और जोरदार भेजती हूँ, मैं। आप देखें और सोचें, तेरहवीं–चौदहवीं सदी की महिलाओं के परस्पर हास–परिहास की स्वतंत्रता को। यह खुसरो की कलम और उन औरतों का कमाल है—

**सगरी रैन छतियन पर राखा।**
**रंग रूप सब वाका चाखा।।**
**भोर भई जब दिया उतार।**
**ऐ सखी साजन ना सखी हार।।**

लड़के की कुछ और भेजने की हिम्मत छूट जाती है। उधर, लड़की लड़के का असमंजस समझकर हँस रही है। थोड़ी देर में फिर लिख भेजती है—"गुडनाइट।"

दो दिन बाद लड़की मैसेज करके लड़के से एक सवाल पूछती है।

□

# नदी बहती है

डॉ. बी.आर. अंबेडकर कौन थे? दयानंद सरस्वती, सिस्टर निवेदिता, कबीर, बुद्ध, महावीर, गुरु नानक, महात्मा गांधी, चाणक्य, आदि शंकराचार्य, जस्टिस रानाडे, महर्षि विश्वामित्र, रैदास, स्वामी विवेकानंद, गोस्वामी तुलसीदास, एनी बेसेंट, पंडिता रमाबाई, ईश्वरचंद्र विद्यासागर कौन थे?

लड़का थोड़ी देर सोचकर मैसेज टाइप करता है—

**लड़का** : मैं आपका सवाल अगर समझ पा रहा हूँ तो ये वे पुण्यात्माएँ हैं, जिन्होंने भिन्न काल और भिन्न स्थितियों में देश और समाज-सुधार के सफल प्रयास किए। भारत आज जिस रूप में है, उसमें बहुत बड़ा योगदान इन महात्माओं का है।

**लड़की** : ठीक समझे। इन लोगों को लगा सनातन धर्म में बुराइयाँ आ गई हैं तो विरोध में तनकर खड़े हुए तो उन्हें दूर करने के उपाय बताए या नया मार्ग बता दिया। इन्हें लगा, दहेज कुप्रथा है तो उसका विरोध किया। इन्हें लगा स्त्रियाँ शिक्षा में पिछड़ रही हैं तो उन्हें आगे लाने के उपाय किए। इन्होंने जातीय भेदभाव के विरुद्ध स्वर उठाए। खास बात यह है कि ये लोग समस्या उठाकर किनारे नहीं बैठ गए। इन्होंने समस्या से संघर्ष किया। इनके आंदोलन रचनात्मक थे, क्योंकि वे समाज को आगे ले गए। धर्म और समाज, अर्थ और दर्शन, राजनीति और छुआछूत कुछ भी अछूता नहीं रहा इन संतों से। इन्होंने समाज और मठाधीशों का विरोध सहा, अपमानित भी हुए, लेकिन अपने लक्ष्य पर डटे रहे और सब झेलते हुए भी वह मशाल जला गए, जिसका प्रकाश हमें सदा आलोकित करेगा।

**लड़का** : इनका ऋण है हम पर। मैं एक कथा सुनाता हूँ।

**लड़की** : सुनाता हूँ? अरे! कहिए, टाइप करता हूँ।

लड़की इस मैसेज के साथ हँसने का आइकॉन भेजती है। लड़का भी मुस्कराता है और मैसेज टाइप करने लगता है।

**लड़का** : एक बार ऋषि उद्दालक का युवा संन्यासी पुत्र अष्टावक्र शास्त्रार्थ के लिए राजा जनक के दरबार जा रहा था। मार्ग में ही था कि सामने से राजा की सवारी आती दिखी। राजा के सैनिक रथ के आगे-आगे चल रहे थे और सड़क खाली कराते जा रहे थे। उन्होंने अष्टावक्र को भी हटने का संकेत किया तो वह अड़ गया। उसने न केवल मार्ग छोड़ने से मना किया, बल्कि पलटकर कहा, 'मार्ग पर चलने का पहला अधिकार बहरे, अंधे, अपंग, स्त्री और निर्बल का है। जिसकी पीठ पर भार लदा हो, उसे भी पहले मार्ग मिलना चाहिए। राजा को अपने लिए अलग मार्ग की आवश्यकता क्यों लग रही है? उन्हें ऐसा नहीं करना चाहिए। उन्हें सामान्य जन की तरह व्यवहार करना चाहिए।' राजा जनक तब तक निकट आ चुके थे। उन्होंने सैनिकों और अष्टावक्र की बातचीत सुन ली। जनक विद्वान् तो थे ही। राजर्षि थे। उन्होंने सैनिकों को डाँटा और मार्ग के एक किनारे से निकल गए।

**लड़की** : वाह! आजकल बहुत बातें होती हैं लोकतंत्र और अभिव्यक्ति की स्वतंत्रता की, किंतु इक्कीसवीं सदी के इस दूसरे दशक में क्या किसी राह चलते छात्र और डी.एम. के बीच ऐसे संवाद की कल्पना भी की जा सकती है? राजा तो बहुत दूर की बात हो गई।

**लड़का** : यह कथा असाधारण है। मुझे हमेशा ध्यान रहती है।

**लड़की** : प्राचीन भारत का यह गुण क्यों नहीं देखा जाता? हमें यह सवाल अपने से अवश्य पूछना चाहिए कि दूसरी व्यवस्थाओं और धर्मों में जब धर्म और समाज सुधारक गिनती के हैं तो वह क्या था, जिसने भारत में इनकी पूरी श्रृंखला तैयार कर दी। इस प्रश्न पर बहस होनी चाहिए। इसके मर्म में उतरा जाना चाहिए। बिल्कुल आरंभ से सनातन संस्कृति के हर कालखंड

में ऐसे लोग आते रहे, अपनी बात कहते रहे, अपने समर्थक और आलोचक तैयार करते रहे और अपने-अपने ढंग से भारत नामक विचार को पुष्ट व प्रगाढ़ करते रहे। वैदिक कालीन भारत में यज्ञों की प्रधानता थी, किंतु फिर धीरे-धीरे इनमें विकार आने लगे। जब यज्ञ और बलि को ईश्वर तक पहुँचने का मार्ग माना जाने लगा तो इस मान्यता के विरोधी स्वर भी उठे और छठी शताब्दी ईसा पूर्व ही यज्ञों का विरोध आरंभ होने लगा। ध्यान दें, बुद्ध से पूर्व यज्ञों का विरोध हो चुका था। उदारता और सहिष्णुता की यही वह धारा थी, जिसने इस देश में बहुत से योगी व ऋषि उत्पन्न किए। इस नए वर्ग की मान्यता थी कि शरीर को अधिक सुख न देकर ईश्वर का ध्यान लगाना चाहिए। जटिल होते यज्ञों के विरोध का सात्त्विक निष्कर्ष हम उपनिषदों में पाते हैं। ज्ञान और पौरोहित्य विरोध की इसी शाखा को आगे चलकर बुद्ध और महावीर ने विस्तार दिया, उन्हें उनकी सार्थक परिणति तक पहुँचाया। उनके समय तक ब्राह्मण और क्षत्रियों के कारण समाज में जातीय और वर्गीय भेदभाव बहुत बढ़ गया था। विलासिता हावी हो रही थी और याज्ञिक अनुष्ठान वैदिक आर्यों की सरलता छोड़ रहे थे।

**लड़का :** जी हाँ! और ऐसे समय में आगे पीछे आगमन होता है—गौतम बुद्ध और महावीर का और जो इतने वेग से धार्मिक कुरीतियों पर आक्रमण करते हैं कि वैदिक धर्म पीछे खिसकने को विवश हो जाता है। शासक और शासित दोनों ही इन नए धर्मों की सहजता और सादगी की ओर आकृष्ट हो जाते हैं। बौद्ध और जैन दर्शन अपने समय के समाज को अपनी धारा में बहा ले जाते हैं। बुद्ध जब कहते हैं कि अतियाँ दो प्रकार की होती हैं—विलासिता और शरीर को कष्ट देकर ईश्वर प्राप्ति का प्रयास तो लोगों को उनकी यह सरल ढंग से कही गई बात समझ में आती है। बुद्ध और महावीर के अनुयायियों को सत्ता का भी समर्थन मिलता है और वे फैलने लगते हैं।

**लड़की :** सही बात। बुद्ध और महावीर के बाद का काल वैदिक धर्म

के पुनरुत्थान का है। एक वैचारिक संघर्ष आरंभ होता है, जो शुंग और सातवाहन वंशों के बाद गुप्तकाल में वैदिक रीतियों की पुनर्प्रतिष्ठा कर देता है, किंतु बलि प्रथा जैसी कुरीतियों का त्याग करने जैसे सुखद बदलावों के साथ। इनके बाद और भी सुधारक आते रहे, सनातन धर्म अपने भीतर से अपने ही आलोचक-निंदक पैदा करता गया। ध्यान दें, धर्म ने अपनी बुराई करनेवालों पर हमले नहीं किए, अपितु उनकी शिक्षाओं को ग्रहण करते हुए लचीला होता गया और अपने ही विरुद्ध हुए आंदोलनों की सराहना करता गया। स्वीकृति सराहना ही तो है। उसने इन आंदोलनों को अपनी कुरीतियों को दूर करने का एक अवसर माना। यह क्रम लंबा चला और सदियों बाद जब सनातन धर्म पर कर्मकांड फिर हावी होने लगे तो दयानंद सरस्वती प्रकट हुए। दलितों पर अत्याचार जब बहुत बढ़ गए तो उनका प्रतिकार करने एक अंबेडकर क्षितिज पर उभरे।

**लड़का** : आंदोलनों की श्रृंखला में एक उदाहरण तो हाल का है, जब शनि शिंगणापुर मंदिर में प्रवेश और पूजा के लिए महिलाओं ने संघर्ष किया और आखिरकार जीतीं।

**लड़की** : यह भी ध्यान दें कि सारे देश का समर्थन आंदोलनकारी महिलाओं को था। उनकी यह लड़ाई भारत की आंतरिक शक्ति की बदौलत ही लड़ी जा सकी। वह शक्ति, जो अपनी धार्मिक मान्यताओं के विरुद्ध भी खड़े होने की प्रेरणा देती है। यह साधारण बात नहीं। विचारों और हृदय की यही उदारता हमें अपने पुरखों से सीखनी है। यही उदारता अनेक झंझावातों में समाज को भीतर से थामे रखती। यही लचीलापन हमारे प्राण हैं।

**लड़का** : अच्छा यह बताइए, सनातन संस्कृति के इतने लचीले होने का कारण क्या है?

**लड़की** : उत्तर बड़ा सरल है, पर जिसे समझने के लिए हमें फिर से यह समझना होगा कि सनातन या जिसे हिंदू कहते हैं, वह धर्म नहीं, जीवन शैली है। धर्म की प्रचलित धारणा इस पर नहीं बैठती। यह धर्म तालाब का पानी नहीं जो ठहर गया। यह धर्म बहती

हुई नदी है···कलकल करती, अठखेलियाँ करती और हाँ, मार्ग के पत्थरों से उलझती, किंतु फिर अपना प्रवाह पा लेती। कभी मार्ग बदलकर और कभी पत्थरों के ऊपर से बहकर। भारत में सनातन धर्म आचरण और ज्ञान का योग करता चलता है··· सतत। थोपना इस धर्म में निषेध शब्द है। व्यक्ति के निर्माण में उसके वातावरण का हाथ होता है और यह मानना होगा कि इस देश की हवा, पानी और मिट्टी में कुछ ऐसा था, जो अपने ही भीतर से अपने ही आलोचकों को जन्म देता गया। महान वही बनता है, जो अपने पर हँस सके, अपनी आलोचना कर सके। दूसरे पर हँसना तो बड़ा सरल है। इस आधार पर संपूर्ण भारत हमें एक ऐसे समाज के रूप में दिखता है, जो लगातार अपना मंथन करता है। इसीलिए, यह अपने ही भीतर से उठनेवाले सामाजिक व सांस्कृतिक विद्रोहों को सुनता है, गुनता है और फिर उन्हें आत्मसात् कर लेता है। ऐसा हर विद्रोह भारतीयता और सनातन विचार प्रवाह को पहले से और अधिक दृढ व विकासशील कर जाता है। इसीलिए अनेक अर्थों में आज का भारत वैसा ही है, जैसा हम पाँच हजार वर्ष या उससे भी अधिक पहले से पाते हैं। यह एक ऐसी सभ्यता है, जो कभी उजड़ नहीं सकी और जिसने अपने अतीत से लगातार संपर्क बनाए रखा। भारत की उत्तरी शाखा पर हमला हुआ तो उसके संस्कार दक्षिण को खिसक गए, लेकिन उन्होंने अपनी जड़ों को जमाए रखा।

**लड़का** : मानता हूँ। सबकुछ स्वीकार कर लेने की इसकी यही लचक और विनम्रता इसकी शक्ति और हमारा आधार है।

**लड़की** : हाँ, एक और बात मैं कहना चाहती हूँ। हिंदू शब्द को लेकर बहुत बातें की जाती हैं। एक बार किसी ने सभी भारतीयों को हिंदू कह दिया तो हंगामा मच गया। सच यह है कि भारत में रहनेवाले हम सब हिंदू हैं। हिंदू भौगोलिक व्याख्या है। सिंधु से बना है हिंदू। अवेस्ता में भारत को हिंदू कहने का उल्लेख मिलता है। अवेस्ता ही बताता है कि ईसा से पाँच-छह सौ वर्ष पूर्व रोम से लड़ने के लिए पर्शिया (आज का ईरान) की सेना

में भर्ती भारतीय सैनिकों को हिंदी कहा जाता था। हमारा धर्म तो सनातन है। यह विवाद का विषय नाहक बनाया जाता है। क्षेत्र के अनुसार ही नामकरण होते हैं। जैसे, कान्यकुब्ज। ब्राह्मण कान्यकुब्ज क्षेत्र के हुए, जबकि वे लोग सरयूपारीण कहलाए, जो सरयू पार करके जा बसे, हालाँकि दोनों ही ब्राह्मण अपने-अपने को श्रेष्ठ बताते हैं। अब तो फिर भी उनमें शादियाँ होने लगी हैं, वरना तो दोनों ही ऐंठे रहते।

**लड़की :** मैं आपको एक और उदाहरण देती हूँ। एक घटना बताती हूँ, जो बनारस की है। घटना केवल 60-65 वर्ष पुरानी है पर आप देखें कैसे एक पूरा शहर सहिष्णुता का प्रतीक बन गया था। कैसे एक शहर अत्याचार के विरुद्ध खड़ा हो गया था।

**लड़का :** बताइए, मेरी उत्सुकता बढ़ रही है अब।

**लड़की :** एक समय काशी विश्वनाथ मंदिर में दलितों को प्रवेश की मनाही थी। इसके विरोध में स्वर भी उठने लगे थे, लेकिन पहला बड़ा विरोध प्रदर्शन बाबा राघवदास के नेतृत्व में 1953 में हुआ। उस वर्ष 14 फरवरी को दलितों के एक दल ने मंदिर जाने का प्रयास किया, पर स्वामी हरिहरानंद करपात्रीजी के विरोध के कारण विफल रहे। करपात्रीजी महाराज के प्रभाव के कारण आंदोलनकारियों पर जुरमाना भी लगा दिया गया। यह आंदोलन उस समय तो भले ही दब गया, लेकिन बाबा राधवदास चुप नहीं बैठे। उन्होंने उसी वर्ष सितंबर से फिर नई मुहिम आरंभ की और इस बार अपनी लड़ाई को कोर्ट भी ले गए। चार वर्ष की लंबी लड़ाई के बाद 11 दिसंबर, 1957 को दलितों को काशी विश्वनाथ मंदिर में प्रवेश की कानूनी अनुमति मिल गई। वे भीतर गए और विधिवत् पूजा-अर्चना की।

**लड़का :** बहुत बड़ा काम हुआ, पर इसमें सहिष्णुता कैसे?

**लड़की :** बता रही हूँ, जरा धीरज धरो! दलितों के मंदिर प्रवेश से करपात्री जी बहुत क्षुब्ध हो गए। उन्होंने कहा कि मूर्तियाँ भ्रष्ट हो गईं और इसी कुतर्क पर उन्होंने काशी में ही मीरघाट पर नया काशी विश्वनाथ मंदिर बनवा दिया। माधवजी, सहिष्णुता की बात यह

है कि करपात्रीजी को काशी ने बहुत गहरा जवाब तब भी दिया और आज तक देती आ रही है। उनके बनाए मंदिर को लोक की मान्यता नहीं मिली। पुराने मंदिर में जहाँ सावन कौन कहे, साधारण दिनों में भी कंधे से कंधा लड़ता है, जबकि नए मंदिर में लोग लगभग नहीं जाते। सोचकर देखें कि ऐसा क्यों? यह घटना सिद्ध करती है कि मंदिर किसी ने भी क्यों न बनवाया हो, महत्त्वपूर्ण है आस्था। काशी जैसे धार्मिक नगर ने धर्म सम्राट् करपात्रीजी को अपना समर्थन नहीं दिया। शहर ने समझ लिया कि दलितों का मंदिर प्रवेश न्यायोचित और धार्मिक है तो वह उनके साथ हो गया। दुख है कि दिल्ली के राजपाथ पर चीत्कार करने वाले मोतियाबिंदी प्रगतिशीलों को धर्म और देश की यह भावना नहीं दिखती। आप समझ सकते हैं, कम्युनिस्टों का बौद्धिक जगत् पर असर और आतंक कितना व्यापक है।

लड़का चमत्कृत था। इस लंबे फोन संवाद को उसने एक बार पढ़ा, दो बार पढ़ा और फिर भी मन नहीं भरा तो फिर-फिर पढ़ा। धर्म सुधारकों के लिए उसके मन में गहरी श्रद्धा थी। उसका हमेशा से मानना था कि कोई भी समाज, प्रथा या व्यक्ति अपने लचीलेपन से ही संस्कारित होते हैं। नए विचारों को जो जितनी उदारतापूर्वक ग्रहण करता है, वह उतना ही दूर तक चलता है। इसके विपरीत, जिसने अपनी ही बात को ठीक माना, जिसने यह मान लिया कि उसका कहा अंतिम है तो फिर उसमें लोच नहीं रह जाता और अंत में, उसके विकास के सभी मार्ग बंद हो जाते हैं।

इस मैसेजिंग ने लड़के की चेतना को झकझोरा था। वह अभी ध्यानमग्न ही था कि फिर मैसेज टोन बजी। देखा तो लड़की का मैसेज था।

यही था भारत। यही है भारत।

लड़की लड़के से उसकी छुट्टी की बाबत भी पूछना चाह रही थी, परंतु लड़का बात करने के मूड में नहीं था। अभी-अभी समाप्त हुए संवाद से उसकी विचार श्रृंखला चल पड़ी थी और वह उसी में रमना चाह रहा था। उसने कोई उत्तर नहीं दिया।

अगले दिन लड़के ने लड़की को मैसेज किया—बहुत शानदार। कल आनंद आ गया। अद्‌भुत मैसेज थे आपके।

**लड़की :** सिर्फ मेरे! आप भी तो सटीक लिख रहे थे। इसका मतलब है,

आपको पसंद आई मेरी बात?

**लड़का** : पसंद! पसंद तो बहुत छोटा शब्द है। मैं कल से ही उन संदेशों को गुन रहा हूँ।

**लड़की** : वाह!

**लड़का** : एक बात कहूँ?

**लड़की** : कहिए।

**लड़का** : अच्छा जाने दें।

**लड़की** : अब कहना पड़ेगा। कहिए जो कहना है।

**लड़का** : मेरी बहन आपसे बात करना चाहती है।

लड़का यह मैसेज भेजने के बाद इससे आगे की बात टाइप ही कर रहा था कि लड़की का मैसेज आ गया।

**लड़की** : आपकी बहन! हाँ, हाँ, आपकी एक बहन भी तो है। क्या करती है वह?

**लड़का** : बहन की शादी हो गई है। वह और उसका पति दोनों लखनऊ में सेंट्रल ड्रग रिसर्च इंस्टीट्यूट में वैज्ञानिक हैं।

**लड़की** : बहुत सुंदर। आप उसे मेरा नंबर दे दें। वैसे किस बारे में बात करनी है उसे?

**लड़का** : आप प्लीज बुरा न मानिएगा। मुझे कल आपके संदेश इतने अच्छे लगे कि मैंने उसे फॉरवर्ड कर दिए थे। उसे पढ़ने का बहुत शौक है। कहीं भी मौका निकालकर पढ़ने बैठ जाती है। आप लड़कियाँ ये जो इतने बड़े-बड़े एयरबैग के साइज के पर्स रखती हैं न, तो उसके पास भी है। उसी में एक पुस्तक हमेशा डाले रखती है, वह।

**लड़की** : एयरबैग का साइज!! अरे वाह! कितनी लड़कियों को जानते हैं, आप?

**लड़का** : अब आप मेरी टाँग न खींचें। मैं उसे आपका नंबर देता हूँ। कब फोन करे वह?

**लड़की** : कल शाम पाँच बजे के बाद। नाम क्या है बहन का?

**लड़का** : विदुषी।

□

# स्त्री को देखने का चश्मा बदलें

अगले दिन लड़की जे.के. मंदिर में होती है, जहाँ उसे लड़के की बहन का फोन आता है। बहन अपना परिचय देती है और पूछती है कि लड़की के पास समय हो तो वह बात करना चाहती है। लड़की दो मिनट की अनुमति लेकर फोन काटती है, अपने साथ मंदिर आई सहकर्मी टीचर को पांडुनगर के लिए रिक्शा कराती है, मंदिर के गेट पर खड़े एक आइसक्रीम विक्रेता से बटरस्काच का कोन लेती है और वापस मंदिर आकर उसके विस्तृत लॉन में पड़ी अनेक बेंचों में एक पर बैठ जाती है। तब वह लड़के की बहन का नंबर मिलाती है और कहती है कि हाँ, भई अब की जा सकती है लंबी बात।

थोड़ी देर उनमें एक-दूसरे की लिखाई-पढ़ाई जानने जैसी औपचारिक बातें होती हैं और उसके बाद वे विषय पर आते हैं। बड़ी देर तक उनमें स्त्री, उसकी सोच, उसकी चुनौतियों और उसकी अपूर्व क्षमताओं पर बात होती है। फिर विदुषी कहती है—

**विदुषी** : प्रतापी पांडव जिन कृष्ण की छाया में रहे, द्रौपदी के कठिन प्रश्नों के उत्तर कभी-कभी उनके पास भी नहीं होते थे। बुद्धिमानों की निर्लज्ज कौरव सभा में द्रौपदी ने भद्रजन पर जो सवाल उठाए, उनके उत्तर जानता तो आज का समाज भी भली प्रकार है, पर उन्हें अपने जीवन में नहीं उतार पाता।

**लड़की** : हाँ, ठीक कह रहीं आप। 2018 में स्त्री पर बहस करते हुए समाज में उसके स्थान को समझने के लिए हमें समय का पहिया बहुत पीछे घुमाना होगा। इस दौर में, जबकि चारों ओर गुस्सा दिखता है, सोशल मीडिया अराजकता का अखाड़ा बनता जा रहा है और स्त्री पर बहस गड्डमड्ड हो गई है, तब

यह कल्पना करना कि पहले वह कैसी थी, थोड़ा कठिन कार्य है। मैं बहुत दृढ़तापूर्वक मानती हूँ कि तब की स्त्री निश्चय ही वह नहीं थी, जो बाद में हो गई। बाद में, यानी इस्लामी भारत में। सनातन धर्म में स्त्री के सभी रूपों को सराहा गया। यदि वह ऋषि थी तो योद्धा भी थी। हर स्त्री को उसकी योग्यता के अनुसार सम्मान मिला। स्त्रीत्व की कोई सर्वमान्य परिभाषा नहीं थी। जैसे, आजकल कुछ लोग स्त्री को परदे के लायक मानते हैं तो कुछ उससे समस्त रेखाएँ पार कर जाने की अपेक्षा रखते हैं। दोनों ही बातें ठीक नहीं। स्त्री हो या पुरुष, संतुलन तो दोनों को ही साधना है। यदि पुरुष ने मर्यादा का पालन नहीं किया तो वह भी निंदित होगा।

**विदुषी** : हमारे यहाँ द्रौपदी और सीता के उदाहरण अर्थपूर्ण हैं। लोक ने भले ही द्रौपदी को सीता के बराबर नहीं माना, पर यज्ञ से उत्पन्न इस अपूर्व स्त्री की प्रचंडता को भरपूर आदर दिया और उसे स्त्री के तेज, संघर्ष और जीवट का प्रतीक बना दिया। सीता का आभामंडल विशिष्ट है। सीता त्याग रूप हैं, पर चित्रकूट में दु:खी-दलितों के बीच हम उन्हें नए रूप में प्रकट होते देखते हैं। चित्रकूट में जिया उनका जीवन सीता और राम को मनुष्य से ऊपर ले जाता है।

**लड़की** : (बीच में ही) यह साधारण बात नहीं कि सीता के सतीत्व पर आह्लादित समाज पाँच पतियों की पत्नी द्रौपदी को भी उच्च आसन देता है। ये दो भिन्न चरित्र हैं और यदि इन्हें एक ही समाज में, भले ही उनके कालखंड पृथक् थे, मान्यता मिली तो निश्चय ही वह समाज, वह परिवेश अनोखा और सुदृढ़ रहा होगा। मुस्लिम भारत में, जो औरत परदे के पीछे नेपथ्य में जाती दिखती है, उससे बहुत अलग थी वैदिक काल की स्त्री। अपाला, घोषा, लोपामुद्रा, सिकता, रोमशा, गार्गी जैसी विदुषियाँ बुद्धि, ज्ञान और उनके प्रकटीकरण में अपने समय के अनेक पुरुषों से ऊँचे आसन पर विराजमान थीं। ऋग्वेद में कुछ स्त्री ऋषियों का नाम आता है। इनमें अत्यंत सम्मान से लोपामुद्रा का

नाम लिया जाता है। लोपामुद्रा अगस्त्य की पत्नी और विदर्भ की राजकन्या थीं। सनातन विरोधी अपनी आँखों की पट्टी हटाकर देखना चाहेंगे तो अवश्य यह सोचने को बाध्य होंगे कि वैदिक स्त्री धार्मिक और सामाजिक स्तरों पर पुरुष के समकक्ष या उससे आगे भी थी। वह परदे में रहनेवाली स्त्री नहीं थी। वह तो मंत्रों की रचनाकार थी। मनु नकारात्मक कारणों से कोट किए जाते हैं। दलितों पर उनके लिखे का सम्मान कोई नहीं करेगा, पर मनु ही थे, जो लिख गए, 'माँ की संपत्ति केवल पुत्रियों को मिलनी चाहिए।'

**विदुषी :** हमारे समय की यह विडंबना है और बहुत दुर्भाग्य की बात है कि लोग यदि किसी को अच्छा मानते हैं तो फिर उसमें कोई बुराई नहीं देखना चाहते। इसी प्रकार यदि बुरा मान लिया तो उसकी अच्छाइयाँ भी उपेक्षित कर दी जाती हैं।

**लड़की :** उपनिषदों ने आत्मा का लिंग निर्धारण नहीं किया। ऋग्वेद के 10 सूक्त याज्ञवल्क्य की विदुषी पत्नी, मैत्रेयी को समर्पित हैं। वृहदारण्यक उपनिषद् में मैत्रेयी कहती हैं, 'आभूषणों और जीवन के अन्य सुखों का मेरे लिए कोई अर्थ नहीं है क्योंकि वे मुझे मोक्ष नहीं दे सकते।' ऋग्वेद में एक स्त्री ऋषि ऋषिका का उल्लेख मिलता है। यह अपने समय की बड़ी पुरोहित मानी जाती थीं। वह कहती हैं, 'मैं ही रुद्र हूँ। मैं ही शक्ति हूँ। सारे निर्माण मुझसे हैं और मैं ही सबको धारण करती हूँ।' सनातन संस्कृति में ईश्वर की उपासना पुरुषवादी नहीं। यहाँ देवी अपने विभिन्न रूपों में पूजित है। हर गृहस्थ की अभिलाषा होती है कि उसकी संतान खूब विद्यार्जन करे और उसका जीवन धन-धान्य से पूर्ण हो। इन दोनों के लिए उसे दो देवियों से वरदान की चाह होती है। ध्यान दें! चाह देवियों से है! देवताओं से नहीं। नवरात्रि में दुर्गा के नौ रूपों की आराधना में जीवन के सारे तत्त्व छिपे हैं। वर्तमान भारतीय समाज की विडंबना या दुर्भाग्य कहें, प्रायः स्त्री का मूल्यांकन इस्लाम के भारत में आगमन के बाद से और पश्चिमी चश्मे से किया जाता है। चूँकि चश्मे के पीछे

आँख कम्युनिस्टों की रही, लिहाजा हर भारतीय परंपरा और विचार ढकोसला हो गया। अथर्ववेद कहता है कि वैदिक काल के राजा की प्राय: 11 सदस्यीय मंत्रिपरिषद् होती, जिसकी एक महत्त्वपूर्ण सदस्य राजा की सबसे बड़ी रानी, यानी महिषी होती। क्या अर्थ हुआ इसका? यह कि राज्य संचालन में स्त्री की भूमिका अहम थी।

**विदुषी :** क्या आप यह कहना चाह रही हैं कि प्राचीन भारत में स्त्री का कभी शोषण नहीं हुआ?

**लड़की :** बिल्कुल नहीं। ऐसा भला, मैं कैसे कह सकती हूँ कि सनातन संस्कृति में स्त्री का सदा आदर्श स्थान रहा, उसका शोषण नहीं हुआ या उसे भोग्या नहीं माना गया, कदापि नहीं। यह कहना या मानना मूर्ख हठ होगा। जो यह मानेगा, वह कभी प्रगतिगामी नहीं हो सकता। सीता को अग्निपरीक्षा त्रेता युग में ही देनी पड़ी थी। पत्थर की अहिल्या भी तभी पाई जाती है और द्रौपदी का चीरहरण भरी सभा में ही हुआ था, किंतु यह भी सही है कि ये उदाहरण कतिपय हैं। यह मान लेना भी गलत होगा कि ये उदाहरण तत्कालीन समग्र समाज का चित्रण करते हैं, कतई नहीं। इनके आधार पर सनातनी स्त्री का आकलन उचित नहीं। यह जो आज स्त्री को कमजोर दिखाने, बताने की होड़ मची है, मुझे यह समझ में नहीं आती। मुझे तो भारतीय स्त्री उतनी कमजोर नहीं दिखी, जितनी आजकल बताई जाती है। हाँ, समाज पुरुष प्रधान रहा, पर ऐसा भी नहीं कि स्त्री सदा शोषित या वंचित रही। भारत में स्त्री की स्थिति उस परदे के कारण अधिक बिगड़ी, जो मुस्लिम आक्रांता अपने साथ लाए।

**विदुषी :** यह तो सटीक बात है। मैं भी मानती हूँ कि परदा भारत का उत्पाद नहीं।

**लड़की :** परदा फारसी का शब्द है, जिसका अर्थ होता है—आड़ या ओट। कुछ विद्वान् मानते हैं कि अरबों ने जब पर्शिया, यानी आज के ईरान पर अधिकार किया तो वहाँ की कुछ प्रथाएँ उनके अपने जीवन में उतर आईं। उन्हीं में एक थी—परदा

प्रथा। ईसाइयों और यहूदियों में भी परदा था। फिर भी यह तो सत्य है ही कि भारत में यह अरबों, उजबेकों और तुर्कों के साथ आया। इस बात का प्रमाण यह भी है कि यह कुप्रथा उत्तर भारत में अधिक फैली, जबकि दक्षिण भारत में नहीं पनप सकी। जिस दिन से परदा आया, औरत बेबस हो गई। परदे के पीछे जाते ही स्त्री उपेक्षा और शोषण के अँधेरों में गुम हो जाती है। इस बियाबान में उसकी जो यात्रा तब शुरू हुई थी, वह आज तक चली आ रही है। वैसे तो हमारे यहाँ भी परदा प्रथा के उदाहरण ईसा से दो सौ वर्ष पूर्व से मिलने लगते हैं पर यह वह समय था, जब भारत पर शक, कुषाण और यूनानियों के हमले आरंभ हो गए थे। स्त्री हर आक्रांता का पहला शिकार होती है, इसलिए यह अनुमान लगाना कठिन नहीं कि उस समय भी स्त्रियों ने इसी कारण परदा करना शुरू किया होगा। फिर भी यह प्रथा आम लोगों तक नहीं पहुँची थी और यह तो निश्चित है कि वैदिक भारत में परदा प्रथा नहीं रही। परदा प्रथा, क्यों विशाल भारतीय समाज का हिस्सा नहीं थी, यह समझने के लिए कोई रॉकेट साइंस पढ़ने की आवश्यकता नहीं। केवल निर्बल वर्ग को देख लिया जाए, जहाँ परदा आज भी नहीं मिलता है। परदा मुख्यतः उच्च और मध्य वर्ग की दासता है। मध्य वर्ग ने भी इसे उच्च कुल की नकल में अपनाया।

**विदुषी** : अभी आपने ऐतिहासिक प्रसंगों का हवाला दिया था। मुझे प्राचीन भारत की एक स्त्री बहुत प्रभावित करती है। यह है— आम्रपाली। इतनी रूपवती और धन संपन्न स्त्री, जिस प्रकार अपना समस्त वैभव ठुकराकर संन्यासी हो जाती है, वह असाधारण बात है। सबके बस का यह नहीं।

**लड़की** : आम्रपाली को समझने के लिए हमें ईसा से लगभग पाँच सौ वर्ष पीछे चलना होगा, जब वज्जि महाजनपद (वर्तमान दरभंगा, मुजफ्फरपुर) के लिच्छवियों की राजधानी वैशाली में एक नगरवधू हुआ करती। उस अपूर्व सुंदरी के लिए मगध का अजातशत्रु विकल हो जाता है। फिर षड्यंत्र और युद्ध होते

हैं, जिनसे ऊबकर आम्रपाली बुद्ध की शरण में चली जाती है। ध्यान देने योग्य बात है उस समय के समाज की उदारता और समावेशी प्रवृत्ति, जो अपने बीच से एक नगरवधू का चयन करती। रूपाजीवाओं का समाज में स्थान हेय नहीं था। अनेक गणिकाओं या रूपाजीवाओं द्वारा विवाह करने और संतान उत्पन्न करने के उदाहरण हैं। उनकी संतान अपने परिश्रम से समाज में उच्च स्थान पाती।

**विदुषी** : आज ऐसा कोई सोच भी नहीं सकता, नगरवधू को सम्मानित करना तो बहुत दूर की बात हो गई। भारतीय समाज की इस शक्ति की उपेक्षा की गई, जबकि भारतीय स्त्री की चर्चा चले तो आलोचक सती प्रथा का उल्लेख करने लग जाते हैं?

**लड़की** : देखा जाना चाहिए कि सती कुप्रथा कब की है। मैं फिर कहूँगी, सती प्रथा का जन्म विवशता में हुआ। मुस्लिम आक्रांताओं के अत्याचार से बचने के लिए राजपरिवार की महिलाओं ने जीवन त्यागना यदि उचित समझा तो हमें स्त्री का मनोविज्ञान समझने का यत्न करना चाहिए, पर बजाय इसके हम तो उसकी निंदा करने लगे। एक बहस आक्रांता के हाथ पड़ी, स्त्री की मानसिक दशा का अनुमान लगाने पर होनी चाहिए। अपने प्रियजन की नृशंस हत्या देखनेवाली स्त्री अपने भविष्य को लेकर क्या सोचती रही होगी, कोई बुद्धिजीवी यह क्यों नहीं सोचता? वह तो पाँच-सात सौ साल पहले की बात है, इस इक्कीसवीं सदी में ऐसे अनेक उदाहरण हैं, जब इस्लामिक स्टेट के आतंकियों की सताई या उनकी पकड़ से बचने की छटपटाहट में अनेक लड़कियों ने अपनी जान दे दी। उन्होंने खुद को आग भले ही नहीं लगाई, पर जान तो दी न? यह भी तो जौहर ही हुआ। हिटलर के नाजियों से बचने के लिए भी कई यहूदी स्त्रियों ने अपने प्राण त्यागे थे।

**विदुषी** : आप यह कहना चाह रही हैं कि जिस प्रकार प्राचीन भारत में नियोग की प्रथा समाज में थी तो परंतु उसके उदाहरण उच्च या राजसी कुलों में ही मिलते हैं, ठीक उसी प्रकार तब परदा या

सती प्रथा आम-जन को प्रभावित नहीं कर रही थी?

**लड़की :** नियोग के लगभग सभी उदाहरण कुलीन वर्ग में ही मिलते हैं। मेरा आग्रह तब की स्थितियों की ईमानदार विवेचना का है। पहले के छिटपुट उदाहरणों को छोड़ दें तो सतीप्रथा का चलन भारत पर विदेशी आक्रमणों के समय का ही है। बौद्ध साहित्य या कौटिल्य के अर्थशास्त्र से भी पहले की स्मृतियों में विधवा विवाह के प्रसंग मिलते हैं। महानिर्वाणतंत्र तो यह तक लिखता है कि मृत पति के प्रेम में यदि कोई स्त्री उसकी चिता में जलती है तो उसे नरक में स्थान मिलेगा। इसका अर्थ हुआ कि इस कुप्रथा के विरोध और स्त्री के पक्ष में समाज में प्रतिकार प्रबल था। यह बात बहुत ध्यान देने की है कि यदि शास्त्र विधवा विवाह का समर्थन करते हैं तो वे सती प्रथा के समर्थक नहीं हो सकते। यह बड़ी अजीब बात है कि सती प्रथा को व्यापक और समाज में भीतर तक पैठी हुई माना जाता है और दूसरी ओर विधवाओं की उपेक्षा की कहानियाँ भी सुनाई जाती हैं। सच यह है कि दोनों तरह की बातें थीं, पर अपवादस्वरूप। जिस स्त्री को परदा, सती और विधवा उत्पीड़न की सताई बताया गया, वह तो लोकगीत रच रही थी। इससे कौन इंकार कर सकता है कि भारत के सभी लोकगीत मुख्य रूप से स्त्रियों, किसानों और श्रमिकों ने रचे। यदि स्त्री इतनी ही सताई हुई थी तो लोक गीत रचने का उत्साह और ललक वह कहाँ से ला रही थी। इन गीतों में उमंग, प्रेम, वात्सल्य, श्रृंगार, वीरता सभी रस तो हैं। मृत्यु का वरण करनेवाली स्त्री शोक और विदाई के गीत गाएगी या जीवन के? लोकगीतों की स्त्री अठखेली भी कर रही है और द्विअर्थी पहेलियाँ भी बुझा रही है। इसमें संदेह नहीं कि विधवाओं का उत्पीड़न हुआ, लेकिन उसी समाज में इंदौर की अहिल्याबाई होल्कर भी थीं, जिन्होंने पति की मृत्यु के बाद सत्ता सँभाली और शत्रुओं से घिरे होने के बाद भी अपनी प्रतिभा और शौर्य को सिद्ध किया। वह युद्धक्षेत्र में गईं, लड़ीं और जीतीं, पर किसी को लूटा नहीं। उन्होंने मालवा को समृद्ध राज्य

बनाया और न केवल काशी विश्वनाथ मंदिर, बल्कि औरंगजेब द्वारा गिराए गए अन्य मंदिरों का भी पुनर्निर्माण कराया। उनके जैसी और भी महिलाएँ हैं। 326 ईसा पूर्व में भारत से लौटते हुए भी सिकंदर ने कई युद्ध लड़े। एक शहर में ब्राह्मणों ने देश रक्षा के लिए कलम छोड़कर तलवार उठाई और सिकंदर का भीषण प्रतिरोध किया। आखिरकार, जब किसी तरह सिकंदर को जीत मिली तो वह इतना क्रुद्ध था कि उसके सैनिकों ने प्रजा पर अत्याचारों की सीमा लाँघ दी। इतिहास में ऐसे उदाहरण कम मिलते हैं, जब बीस हजार लोगों ने, जिनमें नर-नारी और बच्चे सभी थे, इन अत्याचारों और दासता के जीवन से बचने के लिए अग्नि में कूदकर अपने प्राण दे दिए। इसे क्या कहेंगे? सती? एक आततायी का अंतिम साँस तक विरोध करना और जब कोई चारा न बचे तो सर्वोच्च बलिदान दे देना, यह केवल वीरों के बस का है। विडंबना यह है कि कम्युनिस्ट लेखन कहीं एक बुराई देखता है तो उसे सर्वव्यापी बताने दौड़ पड़ता है।

**विदुषी** : भारत की स्त्री बहुत सक्षम रही। उसकी प्रतिभा और क्षमता का मापन प्रचलित धारणाओं के आधार पर होगा तो तस्वीर कभी साफ नहीं हो सकेगी।

**लड़की** : भारतीय स्त्री यदि आज जीवन के सभी क्षेत्रों में अग्रणी है तो कारण उसके पीढ़ी प्रदत्त वे संस्कार हैं, जिनके बीज सदियों पहले पड़े थे और जिन्हें समय सिंचित करता गया। त्याग, तपस्या, वीरता, प्रखरता, मेधा और विलक्षण प्रतिभा-संपन्न प्राचीन भारत की ये स्त्रियाँ शक्ति हैं हमारी। वही हैं जिनके संस्कार आज की स्त्री का ईंधन है। वे हमें सिखा गईं कि स्त्री किसी अर्थ में पुरुष से कम नहीं। दोनों परस्पर पूरक हैं। उनके अधिकार और उनकी मर्यादा समान हैं। कठिनाई यह है कि हमारे समाज के बारे में निर्णय वे कर रहे हैं, जिनका अपना समाज बहुत प्रगतिशील नहीं रहा। फिर चाहे वह अरब हो या यूरोप। जिन्होंने जीवन के हर क्षेत्र में प्रताड़ना, उत्पीड़न और शोषण के कीर्तिमान बनाए, वे हमसे हिसाब माँगते हैं।

चूँकि उनके यहाँ शोषण हो रहा था तो वे हर समाज को अपने जैसा ही मानते हैं। इस्लाम और ईसाई धर्म के पहले की सभी सभ्यताओं का एक आकलन इस दृष्टि से भी किया जाना चाहिए। कोई करे तो भारत, चीन, यहूदी, पर्शिया, माया सभ्यता आदि का ऐसा अध्ययन रोचक होगा।

तभी लड़की की आँख घड़ी पर जाती है तो देखती है कि साढ़े सात बज चुके हैं। वह विदुषी से आज्ञा लेती है कि अब घर जाना है। दोनों एक-दूसरे को अपने-अपने घर आमंत्रित करती हैं। दोनों खुश हैं। लड़की इसलिए कि लड़के के कारण उसे एक बुद्धिमान भावी मित्र मिली और विदुषी इसलिए कि उसे इतनी गहराई से समझानेवाला कोई मिला।

थोड़ी देर बाद वह लड़की को मैसेज करती है—

**विदुषी** : मेरा तो केवल नाम है, विदुषी तो आप हैं।

लड़की मैसेज पढ़ती है और दोनों हाथ जोड़नेवाली मुद्रा का आइकॉन विदुषी को मैसेज कर देती है।

## उसी रात 12 बजे

लड़की लड़के को मैसेज करके उसकी बहन की प्रशंसा करती है। लड़का आभार जताता है, लेकिन चुटकी लेना नहीं भूलता।

**लड़का** : सुना है, आप बहन से मेरे बारे में बहुत पूछताछ कर रही थीं?

**लड़की** : आपके बारे में? बिल्कुल नहीं। यह गलतफहमी आपको कहाँ से हो गई?

**लड़का** : अब पूछा तो था आपने। मुझे लगा, कुछ सोच रही होंगी आप?

**लड़की** : आप ज्यादा न सोचें, नहीं तो दिमाग की हड्डी टूट जाएगी।

लड़का हँसता है। उधर लड़की भी मुस्कराती है।

**लड़की** : अपने नाम को सार्थक करती है आपकी बहन। आपसे छोटी है या बड़ी।

**लड़का** : छोटी है। दो बरस छोटी है।

**लड़की** : मैं तो आपके पिताजी और माताजी को प्रणाम करती हूँ, जो उन्होंने अपने बच्चों को इतनी अच्छी शिक्षा दी। उन्हें जीवन में सफल बनाया।

**लड़का** : जी, आशीर्वाद तो उन्हीं का है, जो आज हम लोग किसी लायक हैं, वरना सिपाही का वेतन और कठिन ड्यूटी तो आप जानती ही हैं। दुनिया की चिंता उनके कंधों पर डाल दी जाती है, पर अपने ही परिवार के लिए समय नहीं होता पुलिसवालों के पास। हफ्ते में एक संडे भी यू.पी. पुलिस को नसीब नहीं।

**लड़की** : अरे! क्या कहते हैं, हफ्ते में एक छुट्टी नहीं मिलती ?

**लड़का** : जी नहीं। एक साप्ताहिक अवकाश की बात तो कई बार चली, छोटी-मोटी कोशिश भी हुई, पर लागू नहीं हो सकी। सबके अधिकारों की बात होती है। नहीं होती तो पुलिसवालों के मानवाधिकार की बात। उन्हें तो भगवान् भरोसे छोड़ दिया गया है। उनके भाग्य में केवल गालियाँ हैं। बड़े-बड़े लोग पुलिस अत्याचारों पर निबंध लिखते हैं, लेकिन कभी उन्हें पुलिस परिवारों पर भी शोध करना चाहिए।

**लड़की** : अँधेर ही है।

**लड़का** : जी है तो पर अभी तो बहन पर आपकी राय जानने की इच्छा थी।

**लड़की** : वह तो मैं दे चुकी। विदुषी ने सही मायने में भारत को समझने का प्रयत्न किया है, बल्कि समझा है।

**लड़का** : आप देखें, अपने यहाँ स्वयंवर प्रथा थी।

**लड़की** : जी थी। उस पर क्या बात?

(लड़के के फोन पेज पर टाइपिंग लिखा आ रहा है, लेकिन वह कुछ भेज नहीं रहा। लड़की की उत्सुकता बढ़ जाती है। लड़की अधीर हो रही है, पर समझ जाती है, लड़का लंबा संदेश टाइप कर रहा है। दस मिनट बाद मैसेज आता है)

**लड़का** : आज से हजारों वर्ष पूर्व एक लड़की अपने लिए वर चुनती है। उसके सामने कतार में राजा-महाराजा खड़े रहते हैं। कोई अपने राज्य का दंभ रखता है तो किसी को अपने बल पर अहंकार है। कोई राजा अपने सौंदर्य पर मुग्ध है तो किसी को अपनी वंश श्रेष्ठता पर अभिमान है। उधर लड़की है जो इनमें से किसी एक का ही चयन करेगी। मुझे जो बात बहुत प्रभावित करती है, वह यह कि इस प्रक्रिया में लड़की अनेक को रिजेक्ट करेगी।

लड़की के पास यह जो खारिज करने का अधिकार है, वह अद्‌भुत है। ...और खारिज भी वह किन्हें कर रही है—राजाओं को। जो समाज अपनी पुत्री को अनेक पुरुषों को अस्वीकार करने का अधिकार देता है, वह मेरी दृष्टि में बहुत ऊँचा हुआ। यह बिल्कुल भी साधारण बात नहीं है। इसकी तुलना आज के समय से करके देखें, जब लड़की द्वारा अस्वीकारे गए लड़के उस पर तेजाब फेंक देते हैं। कितनी ही लड़कियों का जीवन इसी में बरबाद हुआ। लखनऊ में कुछ बहादुर लड़कियाँ गोमती नगर में शेरोज नामक एक रेस्तराँ चलाती हैं। ये वे लड़कियाँ हैं, जिन पर तेजाब डाला गया। लड़कियाँ अपने अदम्य साहस के बूते आज अपने पैरों पर खड़ी हैं, लेकिन उन पर हमला तो इसी कथित सभ्य समाज में हुआ।

**लड़की :** बिल्कुल ठीक बात, पर यह तो आप मानेंगे न कि स्वयंवर आम प्रथा नहीं थी।

**लड़का :** हाँ, स्वयंवर प्रथा आम लोगों में प्रचलित नहीं थी, लेकिन इसे इस आधार पर अमान्य नहीं किया जा सकता। जैसे हम उत्पीड़न के चंद उदाहरणों को बड़े समूह पर लागू करते हैं, वैसे ही हमें स्वयंवर के लोकतंत्र को भी मानना चाहिए।

**लड़की :** आज तो आप धमाके कर रहे हैं। मैं सौ प्रतिशत सहमत हूँ, आपसे। यह बताएँ स्वयंवर के दौरान युद्ध भी तो हो जाते थे। यह तो ठीक बात नहीं हुई।

**लड़का :** यही युद्ध तो इस प्रथा को और भी महत्त्वपूर्ण बना देते हैं। लड़की जान रही है, उसके अस्वीकार के बाद संघर्ष हो सकता है, फिर भी वह अपने चयन पर दृढ है। उसके माता-पिता जान रहे हैं, युद्ध हो सकता है, परंतु फिर भी वे स्वयंवर पर अडिग हैं। यह सही है कि स्वयंवर राजनीतिक व सामरिक कारणों से भी होते थे, लेकिन केवल उस आधार पर किसी प्रथा का न्यायपूर्ण मूल्यांकन नहीं हो सकता। स्वयंवर की शक्ति लड़की की 'न' है। इस न में उसकी हाँ से अधिक गहराई है। मैंने कहीं एक लेख पढ़ा था, जिसमें कहा गया था, 'पुरुष यदि सिंह

होगा तो मैं दुर्गा बनकर उसकी सवारी करूँगी और यदि वह महिषासुर होगा तो मैं उसका नाश करूँगी।' दोनों ही दशाओं में शक्ति स्त्री के पास ही रखी गई।

**लड़की** : सहमत हूँ । आपसे बात अचानक ही होने लगी। बिना मतलब होने लगी, पर अब लगता है आपसे और आपकी बहन से बहुत कुछ सीखने को मिलेगा।

**लड़का** : अरे! अरे! ऐसा न कहें। कहाँ आप और कहाँ मैं।

**लड़की** : गुड नाइट।

पाठको! एक और बात। लड़का-लड़की की रुचियाँ एक हैं। उनके विचार मिलते हैं, लेकिन यह संवाद चला तो इस कारण भी कि दोनों ही फोन पर टाइपिंग में दक्ष हैं। जितने समय में आम लड़के चार वाक्य लिखें, उतने में तो ये दोनों एक लंबा पैरा खींच मारते है। इस प्रकार की मोबाइली मैत्री में दोनों पक्षों से जो टाइपिंग स्पीड अपेक्षित थी, उसमें ये खरे उतरते थे। यदि एक की भी रफ्तार कम होती तो यह संवाद न चल पाता।

□

# एक दिन बाद, शाम 5:35 बजे

एक बात कहूँ?

लड़के का यह संदेश आता है तो लड़की का जवाब भी तत्काल ही लौटता है—कहिए।

**लड़का** : आप क्या हमेशा फोन पकड़े रहती हैं?

**लड़की** : यह पूछने के लिए आप भूमिका बाँध रहे थे।

**लड़का** : नहीं, नहीं। वह तो ऐसे ही पूछ लिया। असल में, फौरन मैसेज आ गया न आपका।

**लड़की** : तो गलती कर दी मैंने?

**लड़का** : अरे गुरु, अब जाने दीजिए।

लड़की हँसने की स्माइली भेजकर टाइप करती है, कहिए जो कहना है।

**लड़का** : संकोच हो रहा है कहते हुए, पर मैं सोच रहा था, कहीं बाहर हम लोग कॉफी पीते।

**लड़की** : ????????

**लड़का** : कॉफी किसलिए पी जाती है। साथ बैठने के लिए, बातें करने के लिए।

**लड़की** : आजकल तो थोड़ा काम है मुझे।

**लड़का** : तो क्या हुआ? बस, एक घंटे किसी भी कॉफी शॉप में बैठ सकते हैं। इतना समय तो निकाल ही सकती हैं आप।

लड़की टाल गई और बात आई-गई हो जाती है।

कुछ दिन ऐसे ही बीतते हैं। उनमें संदेशों का आदान-प्रदान होता रहता है। कभी कोई शेर, कभी कोई कविता और कभी साहित्य की कोई बात। मौसम, संगीत, राजनीति, सिनेमा और क्रिकेट भी उनकी बातचीत के दायरे में थे और लड़का

चकित था, लड़की की रेंज देखकर। वह किसी भी विषय पर साधिकार अपनी बात रखती। लड़का अपने समय में डिबेटर रहा था, दोस्तों की राय में अच्छा लिखता था और कुछ पत्र-पत्रिकाओं में उसके लेख भी छप चुके थे, लेकिन अब जाकर उसे अपना मैच मिला था। लड़की से मिलने के पीछे की उसकी भावना उससे ढेर सारी बातें करने की थी। इसीलिए लड़की से हो रहा यह फोन संवाद, उसे अत्यंत प्रिय था। अब तक वे मित्र बन चुके थे। पाठको, एक और बात कहनी है आपसे। चूँकि हम जाति के मारे समाज हैं तो शायद यह जानने की इच्छा आपमें बलवती होगी कि लड़के की जाति क्या है? इच्छा इसलिए भी हो सकती है, क्योंकि आप लड़की की जाति जान चुके हैं।

तो पाठको! लड़का अनुसूचित जाति का है। उसका पूरा नाम है, माधव कनौजिया। कनौजिया से उसके कान्यकुब्ज ब्राह्मण होने का भ्रम कृपया न पाल लें। अवध में धोबी समाज के लोग भी कनौजिया लिखते हैं। जाति नामों की यह साधारण सी विसंगति लोगों की समझ में आ जाए तो ठाकुर, ब्राह्मण होने का उनका दंभ चूर हो जाए। लड़की यह बात जानती है। लड़का भी जानता है कि लड़की जानती है। लड़के का पिता जब वर्षों लड़की के घर आया, उसे अपनी बेटी माना और कई बार उनके घर भी रात में रह गया तो बहुत स्वाभाविक है, लड़की और उसके घरवाले सबकुछ जान लेते। लड़की-लड़के के लिए उनकी समझदारी और विचार अधिक महत्त्वपूर्ण थे। उनमें जाति पर कभी बात ही नहीं होती थी। वे नए दौर के वे लोग थे, जिनके लिए जाति अर्थहीन थी। दोनों अपने काम को बहुत वरीयता देते। लड़का जब अस्पताल में होता या लड़की कॉलेज में तो उस समय ड्यूटी उनकी प्राथमिकता थी। उनकी बातें या तो रात में होतीं या सुबह-सुबह और या अवकाश के दिन। उन्हें परवीन शाकिर, फिराक गोरखपुरी, राजेंद्र सिंह बेदी, जेफरी आर्चर, सिडनी शेल्डन, निकोलस स्पार्क्स, जेम्स हेडली चेज, आयन रैंड, प्रेमचंद, अमृता प्रीतम, नरेंद्र कोहली, अमृतलाल नागर, प्रतिभा राय और नागार्जुन सब पसंद थे। गुरुदत्त, देवानंद, धर्मेंद्र, वहीदा रहमान, मेरिल स्ट्रीप, कैरी ग्रांट, ग्रेगरी पैक, संजीव कुमार, मुहम्मद रफी, मंटो और राजेंद्र सिंह बेदी सब पसंद थे। साहित्य हो या सिनेमा, संयोग से दोनों की पसंद एक जैसी थी। वे एक सा बोलते और एक सी राय रखते। कुछ ही महीनों में उनकी मैत्री गहरी हो चुकी थी। अपनी पसंद को खानों में नहीं बाँटा था उन्होंने। वे अच्छा पढ़ना, अच्छा सुनना और अच्छा देखना चाहते थे। वे चाहते थे, कानून सबके लिए एक समान हो और कोई कहीं भी

और किसी का भी तुष्टीकरण करता न दिखे। ए.पी.जे. अब्दुल कलाम उन्हें महर्षि लगते और वैलेंटाइन डे विरोधी समाज के शत्रु। सबका सम्मान करते हुए वे बस अपनी संस्कृति के लिए भी उतना ही आदर चाहते थे। वे नए भारत के लोग थे। आत्मविश्वास से लबालब।

समरसता की यह शिक्षा हमें भी इनसे लेनी चाहिए।

फिर एक दिन…

लड़के के फोन की घंटी बजी। रात का समय था और वह खाना खा रहा था तो उसने कुछ चिढ़ते हुए फोन उठाया, लेकिन फोन पर नाम देखा तो मुँह का कौर मुँह में और हाथ का हाथ में रह गया। स्क्रीन पर लड़की का नाम चमक रहा था। जल्दी से कौर गटककर लड़के ने कॉल रिसीव की और बोला, 'अरे आप! आज अचानक! आप कहाँ से फोन करने लगीं?' लड़की हँसी और बोली, 'क्यों, मैं फोन नहीं कर सकती क्या?'

**लड़का** : क्यों नहीं कर सकतीं, पर करती नहीं थीं न।

**लड़की** : आपने भी तो कभी नहीं किया।

**लड़का** : असल में बात ही दिमाग में नहीं आई। मैसेजिंग ही दिमाग तर रखती है।

**लड़की** : तो कॉफी की बात कैसे आ गई थी दिमाग में?

लड़का निरुत्तर। इतना ही बोल सका, "चकित किया आपने मुझे।"

**लड़की** : वह तो मैं आगे भी करती रहूँगी।

**लड़का** : फोन कैसे किया, कॉफी के लिए हाँ बोलनी है? आज पहली बार आपकी आवाज सुन रहा हूँ, फोन पर।

**लड़की** : कॉफी छोड़िए, यह सुनिए कि कल आप ब्रजेंद्र स्वरूप पार्क चले जाएँ। सुबह-सुबह जाइएगा।

**लड़का** : क्यों?

**लड़की** : जितना कहा जाए वह किया कीजिए। कल सुबह 5:30 बजे, आर्यनगर में ब्रजेंद्र स्वरूप पार्क पहुँचें।

**लड़का** : अरे! कुछ तो बताएँ। वहाँ जाना कहाँ है?

**लड़की** : गैंजेस क्लबवाली साइड से थोड़ा आगे जाने पर ब्रजेंद्र स्वरूप पार्क का जो बड़ा गेट मिलता है, उससे भीतर चले जाइएगा। वहाँ सामने ही हरी घास पर बड़ी आयु के पंद्रह-बीस लोग एक

गोल घेरे में बैठे होंगे। आप बड़ी आसानी से उन्हें पहचान लेंगे। महिलाएँ भी होंगी उनमें। बस, वहाँ बैठें और उन्हें सुनें। कभी मार्निंग वॉक करते हैं या नहीं, कानों में इयरफोन लगाकर गाने सुनते हुए टहलने तो जाते ही होंगे सुबह-सुबह?

**लड़का** : मार्निंग वॉक करता हूँ, पर कानों में कोई प्लग ठूँसकर नहीं।

**लड़की** : अच्छा! क्यों, गाने नहीं पसंद?

**लड़का** : पसंद क्यों नहीं, लेकिन सुबह प्रकृति के स्वर सुनता हूँ। मैदान में खेलते हुए बच्चे, चिड़ियों की चहचहाट सुनने में जो आनंद है, वह मोबाइल के कृत्रिम स्वरों में कहाँ।

**लड़की** : सही कह रहे। अब कल हो आइए पार्क तक।

इसके पहले कि लड़का कुछ और पूछता, लड़की ने फोन काट दिया और फिर उसका मैसेज आ गया कि घर में कुछ मेहमान आ गए हैं और वह अब व्यस्त हो जाएगी। लड़का समझ गया, पार्क जाए बिना गुजारा नहीं है। वह सुबह पाँच बजे का अलार्म लगा देता है। सोने की कोशिश करता है, पर इस उत्कंठा में कि जाने पार्क में क्या होनेवाला है, उसे नींद नहीं आती। डेढ़-दो बजे आँख लगी होगी पर अलार्म से आधे घंटे पहले ही खुल गई। खैर, समय पर वह पार्क पहुँच गया। पार्क जाना था और वह भी सुबह तो उसने ट्रैक सूट पहन लिया था। जो जगह लड़की ने बताई थी, वहाँ गया तो पाया लोग बैठे हैं। पहले तो उसे लगा—मार्निंग वॉकर हैं, जो थककर बैठ गए हैं, पर ध्यान दिया तो पाया सब जैसे कुछ कहने-सुनने बैठे हैं। थे तो सब मार्निंग वॉकर ही, जो घंटा भर टहलने के बाद अब एक जगह बैठ गए थे। एक साहब बोल रहे थे और बाकी सब एकाग्रचित्त सुन रहे थे। लड़का भी सुनने लगा। वह समझ चुका था कि यह ज्ञान ध्यान की कोई गोष्ठी है और इसी में भागीदारी करने के लिए उसे भी भेजा गया है। वह सुनने लगा—

□

# हम बड़े बतरसिया

हम हिंदुस्तानी बोलने, बतियाने और बहसियाने में माहिर हैं। हम सब बतरसिया हैं। कोलकाता के अड्डे, बनारस की अड़ी, लखनऊ की चकल्लस और कानपुर की चबूतरेबाजी हमारे ही दम पर आबाद हैं। मतलब-बेमतलब बातें और निरर्थक बहस करना भारतीय समाज की अंतर्निहित शक्ति है और आओ, गप्पें मारें, हम भारतीयों का पसंदीदा जुमला। हम कभी भी, कहीं भी, किसी से भी और किसी भी विषय पर बात कर सकते हैं। कोई माँगे-न-माँगे, हम किसी को भी राय दे सकते हैं। जैसे आत्मा शरीर का प्राण है, वैसे ही बातों को आप आत्मा का प्राण कह सकते हैं। क्रिकेट और राजनीति हमारे दो परम प्रिय विषय हैं। हर आदमी इन पर अधिकार रखता है और अपने आगे किसी की मानने को तैयार नहीं होता। चाय पर बातें, वोदका पर बातें, खाली बैठे हैं तो बातें, काम नहीं तो बातें, चलते हुए बातें, टहलते हुए बातें, काम है तो उसे किनारे खिसकाकर बातें, सर्दियों में रजाई में घुसकर बातें, गरमियों में आँगन में कुरसी डालकर बातें। ट्रेन, बस, टेंपो में बातें। विवाह के फेरे पड़ रहे हैं और इधर घरेलू प्रपंच चल रहा है। राजनीतिक चर्चा हो तो लगे मोदी-ओबामा हमसे ही सलाह लेते हैं, क्रिकेट पर जुट जाएँ तो गली और स्लिप का अंतर चाहे न पता हो, परंतु विराट कोहली को बैटिंग सिखाकर मानें।

लड़के को आनंद आ गया। रहा नहीं गया तो उसने बगलवाले से वक्ता का परिचय पूछ लिया। पता चला, बोलनेवाले मुखर्जी साहब हैं और जो इतने पुराने हैं कि स्टेट बैंक जब इम्पीरियल बैंक होता था, तब वहाँ भी नौकरी कर चुके थे। उम्र केवल 93 साल है, पैरों में दम है और घुटनों में कोई तकलीफ नहीं है तो कारण यह कि अपनी पूरी नौकरी पैदल चले। तब शहर बड़े भी नहीं होते थे। जहाँ रहे, पैदल चलते रहे, खाने-पीने में सतर्क रहे और भाग्यदेवी कृपालु रहीं तो बीमारियों ने भी बख्शे रखा। उनकी सेहत का रहस्य उनके सुबह टहलने में छुपा था। सुबह-

सुबह जमनेवाली इस महफिल की वे जान थे। आवाज साफ थी। हाँ, धीमे और रुक-रुककर बोलते। लड़के ने नए सम्मान से बुजुर्गवार को देखा। उधर लड़के के मनोभाव से अनजान मुखर्जी साहब बोले जा रहे थे—

**मुखर्जी साहब** : सुबह शाम किसी भी पार्क या मैदान में निकल जाइए तो वहाँ एक मजेदार दृश्य दिखेगा। पार्कों में लोग टहलकर सेहत बनाने जाते हैं, लेकिन कुछ उत्साही वहाँ भी बातों की महफिल सजाए दिख जाएँगे। भाई लोग टहलते-टहलते बीच रास्ते खड़े हो जाएँगे और लगेंगे दुनिया की हाँकने। लोग घर से अखबार लिये चले आते हैं। टहलेंगे कम, हाँकेंगे ज्यादा। हमारे यहाँ कई संवाद प्रसिद्ध हैं। जीजा-साली, ननद-भौजाई, देवर-भाभी और सबसे टॉप पर सास-बहू संवाद। सैकड़ों-हजारों लोकगीत इन्हीं संबंधों के परस्पर संवादों पर मिल जाएँगे। इनकी आपसी बातचीत किस्से कहानियों में जा पहुँची है। साहित्य के सभी रंग हैं इन संवादों में। किसी दफ्तर चले जाइए, काम-धाम छोड़े लोग लगे हुए हैं, सरकार गिराने-बनाने में। भारतीयों का यही हुनर देख टी.वी. वाले भी चाय पर चर्चा करते हैं और अब तो फेसबुक, ट्विटर और न जाने कितनी सोशल साइट्स पर भी भारतीयों ने अपनी बातों से धूम मचा रखी है।

उनकी बातों का समर्थन करते हुए वहीं बैठे हुए लोहा कारोबारी खन्ना साहब अचानक बोल पड़े—

**खन्ना साहब** : औरंगजेब ने शराबबंदी लागू की तो उसकी अनेक वजहों में एक यह भी थी कि शराबखानों में बैठे लोग बातें करते, बातचीत के दायरे में राजनीति भी आती और वह बादशाह को पसंद नहीं थी। लिहाजा, उसने जड़ ही खत्म कर दी। लोग न बैठेंगे, न बोलेंगे। हमारे यहाँ प्रश्न पूछने की परंपरा आदिकालीन है। किरात-अर्जुन संवाद है, परशुराम से लक्ष्मण भिड़ जाते हैं। उनके बीच के डायलॉग सुनने आज भी रामलीलाओं में भीड़ उमड़ती है। कालिदास और विद्योत्तमा में शास्त्रार्थ होता है, यक्ष युधिष्ठिर से प्रश्न करता है। कभी काम न करनेवाला आलसी अजगर भी युधिष्ठिर से पूछ लेता है कि बताओ धर्मराज,

ब्राह्मण कौन हुआ? कर्ण के सवालों पर कृष्ण और कुंती चुप रह जाते हैं, लव-कुश के प्रश्नों के उत्तर राम के पास नहीं थे, मरते हुए बालि ने राम को निरुत्तर कर दिया था और बालि की ओर से समाज आज तक राम से प्रश्न पूछ रहा है, शंकराचार्य और मंडन मिश्र का शास्त्रार्थ प्रसिद्ध है, कबीर तो पंडित और मौलाना को बराबर से सुना गए, जैन-मुनियों केशी और गौतम में संवाद हुआ, उर्मिला और यशोधरा के लिए समाज ने प्रश्न उठाए, इंद्र को चुनौती मिली, नारद के प्रश्न किंवदंतियाँ बनते रहे, अमर्त्य सेन ने तो बाकायदा एक पुस्तक ही लिख डाली- आर्ग्यूमेंटेटिव इंडियन और नचिकेता की जिज्ञासा ने उसे अमर कर दिया।

**मुखर्जी साहब** : स्त्रियाँ इस बातचीत में बराबर की भागीदार रहीं। प्रमाण हैं याज्ञवल्क्य—गार्गी शास्त्रार्थ व याज्ञवल्क्य का अपनी पत्नी मैत्रेयी से संवाद और धृतराष्ट्र की सभा में द्रौपदी के चुभते सवाल। ऐसे उदाहरणों से हमारे प्राचीन ग्रंथ भरे पड़े हैं। कृष्ण और गोपियों में उलाहने हैं तो उद्धव के लिए गोपियों के पास ताने हैं। युद्ध के मैदान में जब सेनाएँ लड़ने के लिए एकदम सन्नद्ध हों, तब कोई भला बातचीत कर सकता है? पर हमारे यहाँ वह भी की गई। अर्जुन का मोह भाषण देकर ही तो दूर किया था योगेश्वर ने। तभी तो गीता बनी।

बड़े ध्यान से सुन रहे एक साहब ने कुछ कहने के लिए हाथ उठाया तो मुखर्जी साहब ने फौरन कहा, "हाँ-हाँ, त्रिपाठीजी बोलो आप। एक निजी कंपनी से रिटायर्ड विमल त्रिपाठी कहने लगे।

**त्रिपाठीजी** : गौतम बुद्ध और मुनि वासत्थ का एक संवाद मुझे अत्यंत प्रिय है। वही सुनाना चाहता हूँ। इतिहासकार सत्यकेतु विद्यालंकार ने इसका बहुत प्रभावी वर्णन किया है।

बुद्ध वासत्थ से पूछते हैं, 'ईश्वर के पास धन व स्त्रियाँ हैं?'

वासत्थ कहते हैं, 'नहीं।'

फिर बुद्ध कहते हैं, 'वह (ईश्वर) क्रोध करता है?'

'नहीं!'

'उसकी आत्मा पवित्र है या मलिन?'

'पवित्र है।'

'वह अपना स्वामी है या नहीं?'

'है।'

'ब्राह्मणों के पास स्त्रियाँ व धन है या नहीं?'

'है।'

'वे क्रोध रहित हैं या क्रोध करते हैं?'

'क्रोध करते हैं।'

'उनकी आत्मा पवित्र है क्या?'

'नहीं!'

'वे अपने स्वामी हैं या नहीं?'

'नहीं हैं।'

'इन ब्राह्मणों और ईश्वर में कोई समानता है या नहीं?'

'नहीं है।'

तब बुद्ध कहते हैं, 'तो वासत्थ! जब तुम यह मान रहे हो कि ईश्वर और ब्राह्मणों में कोई समानता नहीं और क्योंकि उनके हृदय मलिन हैं और जब तुम यह समझते हो कि केवल वेदपाठ करने से वे ईश्वर में नहीं मिल सकते, उन्हें मोक्ष नहीं मिल सकता तो तुम क्यों उनकी ईश्वर से मिल सकनेवाली बात पर विश्वास कर लेते हो।'

त्रिपाठीजी ने पल भर विश्राम लिया और फिर बोले।

**त्रिपाठीजी** : इस संवाद का सौंदर्य अद्भुत है। चंद पंक्तियों में कितने गूढ़ अर्थ कितने सरल ढंग से समझा दिए गए। मैं धर्म की इस व्याख्या से अभिभूत रहता हूँ। भगवान् बुद्ध ने सिखाया कि धर्म सीधा सरल होता है, उसे जटिलताओं में नहीं बाँधना चाहिए। उन्होंने बताया कि केवल यज्ञ करने से ईश्वर तक नहीं पहुँचा जा सकता। उसके लिए तो जीवन में अच्छा आचरण ही करना होगा।

श्रोताओं के सिर सहमति में हिले। वहीं बैठे सिन्हा साहब ने भी अपनी बात रखी।

**सिन्हा साहब** : भारतीय यह बातचीत जानबूझकर नहीं करते। ऐसा नहीं कि सोचा, चलो बात करते हैं और लगे बात करने। हम तो आदतन

बात करते हैं और यह समझने की बात है कि यह आदत पड़ी कहाँ से? आदत आज की नहीं। बहुत से लोग भारत में इतिहास लेखन की परंपरा न होने को हमारा दोष मानते हैं। हमारी परंपरा वाचिक थी। व्यास ने बोला, गणेश ने लिखा। आश्रमों में ऋषि अपने छात्रों को बोलकर पढ़ाते और उस पद्धति ने हमें बातें करने का जो ढंग सिखाया, वही हमें अनेक कठिनाइयों से बचाता आया। हमारी जीवंतता और तर्कशक्ति को इन्हीं बातों की खुराक मिलती रही। बात करने से ही सामनेवाले का पक्ष पता चलता है। बातों से ही विचार पुष्ट होते हैं। बातचीत हमारे लिए तनाव निकालने का कुशन सरीखा है। बातें ही थीं, जो भिन्न वर्ग, क्षेत्र और विश्वासों को पहले हमारा मेहमान और फिर अपना सगा बनाती रहीं। यही थी और है अभिव्यक्ति की असल स्वतंत्रता। यह स्वतंत्रता सनातन भारत का हमको मिला अनमोल उपहार है। सहस्राब्दियों का अभ्यास है यह। घर, मुहल्ले, गाँव, शहर से होती हुए यही बातें बड़े फलक पर दबाव समूह बनती हैं। हम जो सोचते हैं, उसे कह देते हैं।

सिन्हा साहब के चुप होते-होते देवेंद्र राय बोल पड़े।

**देवेंद्र राय** : मैं तो, आप जानते ही हैं बनारस का हूँ। एक दिन वहाँ अस्सी घाट पर पप्पू की अड़ी में बैठा था तो एक साहब फरमा रहे थे कि, 'नारद मुनि जौनपुर के कायस्थ थे।'

राय साहब की बात पर श्रोता ठठाकर हँस पड़े। सिन्हा साहब बोले, 'भई! यही है बनारस। बताओ, भला कहाँ जौनपुर, कहाँ के नारद और कहाँ के कायस्थ? बस, आप सुनो और आनंद लो।'

**मुखर्जी साहब** : स्वामी दयानंद सरस्वती तो सारे देश में घूम-घूमकर शास्त्रार्थ करते रहे। काशी में दुर्गाकुंड में उन्होंने शास्त्रार्थ किया था। इन्हीं बातों ने हमारे पुरखों को वह शक्ति, बुद्धि और ऊर्जा दी, जो वे इस देश में प्रजातंत्र की नींव रख सके। ईसा से लगभग पाँच सौ वर्ष पीछे वज्जि महाजनपद हुआ करता। प्राचीन भारत में सोलह महाजनपद थे और उनके अनेक उप-जनपद। राजा प्रमुख होता, लेकिन उसकी परिषद् महत्त्वपूर्ण थी। शासन का

यही तंत्र नीचे गाँवों तक गया था और वहीं हमें आज की पंचायतराज व्यवस्था के बीज मिलते हैं। वैशाली गण या संघ नामक उस शासन तंत्र का हिस्सा थी, जहाँ राजा का चयन नागरिक परिषद् करती और एक प्रकार से हर व्यक्ति राजा होता। कहा जाता है कि लिच्छिवियों के यहाँ एक समय सात हजार से अधिक राजा थे। क्या कहीं इतने भी राजा हो सकते हैं, क्या यह माननेवाली बात है ? स्पष्ट है, राजा के अधिकार प्रजा के पास थे। वास्तविक प्रजातंत्र। इसीलिए कुछ इतिहासकार तत्कालीन वज्जि को विश्व का प्रथम लोकतंत्र भी मानते हैं। ग्रीक इतिहासकार डियोडोरस ने भी सिकंदर के हमले के पूर्व भारत में लोकतांत्रिक राज्य व्यवस्था का उल्लेख किया है।

इस बार श्रोताओं से एक और हाथ उठा। यह एस.डी. कॉलेज से रिटायर हुए मलिक साहब थे। इतिहास के शिक्षक रहे थे।

**मलिक साहब** : जो समाज अपनी नगरवधू से लेकर नगरश्रेष्ठि और राजा तक का चयन करे, वह जाग्रत् हुआ। ढाई हजार वर्ष पूर्व की यह व्यवस्था यदि उपेक्षित की जाए तो ऐसा करनेवाले इतिहासकार, क्या असहिष्णु नहीं हुए। चूँकि अंग्रेज इतिहासकार किसी भी मामले में यूरोप को भारत से पीछे नहीं देखना चाहते थे, इसलिए यहाँ की बहुत सी बातें अनजान रह गईं या जानकर अनजान कर दी गईं। यद्यपि अब बहस होने लगी है और कुछ लोग कहने भी लगे हैं कि सरस्वती घाटी सभ्यता, सिंधु घाटी से भी पुरानी व विस्तृत थी। हालाँकि आइंस्टीन ने एक बार कहा था कि, 'हमें भारत का ऋणी होना चाहिए, जिसने हमें गणना सिखाई। हमें गिनती गिनना न आता तो आज के बहुत से आविष्कार भी न हो पाते। दु:ख की बात है कि हमारे पाठ्यक्रम में सुकरात और और अरस्तू तो हैं, पर पाणिनि, याज्ञवल्क्य, आर्यभट्ट और भास्कराचार्य जैसे महान लोग नहीं। हम खुद ही अपने बच्चों को उनका अतीत नहीं बताना चाहते।'

एक साहब बड़ी देर से चुप बैठे थे, लेकिन उनकी भावभंगिमा बता रही थी कि सुबह के इस सेमिनार में वह भी अपना योगदान देना चाहते हैं। मलिक साहब यह

भाँप गए और सबको शांत करके वह बोले, 'हाँ-हाँ यादवजी! आप भी कुछ कहें।'

**यादवजी** : मुझे विशेष नहीं कहना। बस, मलिक साहब की बात को आगे बढ़ाते हुए कहना चाहता हूँ कि ब्रिटिश राजनयिक ग्रांट डफ ने तो यहाँ तक कहा था कि यूरोप में जिन वैज्ञानिक खोजों की आज बात होती है, उनमें से अनेक भारत में सदियों पहले खोजी जा चुकी थीं।

**मलिक साहब** : वाह!

**यादवजी** : आप लोगों की बातें सुनकर पिताजी की याद आ गई। वे हमेशा सिखाते थे कि पूजा करने के बाद कभी इति या समाप्त न बोला करो। इनकी जगह कहा करो, ॐ और समर्पण। मैं तो उनकी सीख का पालन करता हूँ। बच्चों से भी कहता हूँ, पर उनकी वे जानें।

चंद्रशेखर आजाद कृषि विश्वविद्यालय के अध्यापक डॉ. रमेश मित्तल बोले—

**डॉ. मित्तल** : हम भारतवासी अपनी प्राचीन शासन प्रणाली से शक्ति लेते हैं, क्योंकि व्यक्तियों की तरह देशों और सभ्यताओं के भी संस्कार होते हैं। दु:ख की बात है कि नए लड़के यह नहीं जानते कि शतरंज (चतुरंग) और साँप-सीढ़ी की खोज भारत में ही हुई थी।

**मुखर्जी साहब** : इसमें बच्चों की गलती उतनी नहीं, जितनी हमारे एजूकेशन सिस्टम की है। लोग तो यह भी नहीं जानते कि दुनिया की पहली यूनिवर्सिटी ईसा से सात सौ साल पहले तक्षशिला में बनी थी। मैं अपनी बात अमेरिकी साहित्यकार मार्क ट्वेन को याद करके करना चाहूँगा। उन्होंने कहा था, 'मानव और प्रकृति ने जो कुछ भी बनाया है, वह सब भारत में मौजूद है। इस प्रक्रिया में कुछ भी नहीं भूला गया है और यही बात भारत को असाधारण देश बनाती है।'

इतनी देर से महिलाएँ चुपचाप केवल सुन रही थीं। उनमें से एक, जिनका नाम रश्मि चूड़ामणि था और जो अंग्रेजी टीचर रह चुकी थीं, अचानक कहने लगीं—

**श्रीमती चूड़ामणि**: मार्क ट्वेन ने तो यह भी कहा था कि मानव जाति का पालना है भारत। मानव के बोलने की क्षमता की जन्मस्थली, इतिहास की माता, प्राचीन कथाओं की दादी और परंपराओं की परदादी

है। इतिहास की हमारी सबसे मूल्यवान धरोहरें भारत में हैं। मैं धन्यवाद देती हूँ अमर चित्र कथा छापनेवालों को, जिन्होंने भारतीय नायकों पर केंद्रित कॉमिक्स छापे। बहुत सरस ढंग होता था, उनका।

सब लोगों ने उनका समर्थन किया। इस बीच साठ-पैंसठ वर्ष की एक वृद्धा ने अपना हाथ खड़ा किया तो मुखर्जी साहब फौरन बोले, 'हाँ-हाँ भाई, सब लोग सुनें, मिसेज वर्मा कुछ कहना चाह रही हैं।' मिसेज वर्मा हाउसवाइफ, मृदुभाषी और मिलनसार थीं और हर सुबह पार्क में योग सिखाती थीं।

□

# सहज कहे, सो मीठा होय

**मिसेज वर्मा** : अधिक कुछ नहीं, मैं आप लोगों से आज केवल वे बातें कहना चाहती हूँ, जो हमारे आपके घरों में यूँ ही और नित्य ही हुआ करती हैं।

**मलिक साहब** : जैसे?

**मिसेज वर्मा** : जैसे कि शाम को अपने घर भी कभी खाली हाथ न लौटो। दो पैसे की ही चीज सही, पर कुछ लेकर अवश्य जाओ। बच्चे बड़े मन से प्रतीक्षा करते हैं।

जैसे, खाने की थाली में अन्न का एक दाना भी न छूटे, लेकिन रसोई में इतना बचा रहे कि अचानक मेहमान आ जाए तो वह भी भूखा न रहे।

जैसे, दोनों समय खाने से पहले और खाने के बाद ईश्वर का आभार जताओ।

जैसे, सुबह सोकर उठो तो चारपाई छोड़ने से पहले धरती को प्रणाम करो।

अब सारे श्रोता एकदम से प्रसन्न हो उठे। उन्हें लग गया, गोष्ठी और भी रोचक होने जा रही है। सब मिसेज वर्मा की तरफ घूमकर बैठ गए। यहाँ तक कि अगल-बगल खड़े दो-चार लोग भी वहाँ आ जमे। इस बार मोर्चा सँभाला था महिलाओं ने।

**मिसेज साहनी** : ठीक कह रही हैं, आप। यह भी सिखाया गया था हमें कि किसी को खाना खिलाना है तो एक-एक रोटी गरम-गरम खिलाओ। ऐसे वाक्य सदियों से हमारे संस्कारों में रच-बस गए। लगातार सुनने के बाद मष्तिष्क के किसी कोने में इनकी फाइल सेव

हो जाती। हम भी जाने-अनजाने इन्हें अपने जीवन में उतारने लगते और वैसा ही करने लगते, जैसा हमने अपने माता-पिता या दादी बाबा को करते देखा था।

**मिसेज वाजपेयी** : हाँ! ये वाक्य हमें अपने परिवार से जोड़े रखते और अतिथि सम्मान व प्रकृति संरक्षण का संदेश देते रहते। इन्होंने ही तो हमें जीवन की शिक्षा दी। हमारी अम्माँ तो डाँट देती थीं। कहतीं— मेहमान को हमेशा गरम नाश्ता खिलाया करो, घर का बना हुआ···ताजा-ताजा।

सुबह की इस सभा में एक डायटीशियन ऋतु सिंह भी आती थी। उसे अपने विषय की बात लगी तो उत्साहित हो गई।

**ऋतु** : पैकेज्ड फूड सेहत के लिए ठीक नहीं, फिर वह चाहे दलिया हो या कॉर्नफ्लैक्स। आपने यह जो गरम खाने खानेवाली बात कही, वह खाना तो सबसे अच्छा होता है।

**मिसेज चूड़ामणि**: ध्यान देंगे तो पाएँगे कि आधुनिक घरों में मेहमान को दिया जानेवाला नाश्ता एक सा होता है। एक से बिस्किट, एक सी दालमोठ और एक सा शीतल पेय।

**मिसेज वर्मा** : सहमत हूँ। मुझे तो हमेशा अपना बचपन याद आता है। आज के नाश्ते की तुलना बीस पचीस वर्ष पहले के उस दौर से करें, जब मेहमान के लिए पकौड़ी, सूजी का हलवा और नमकीन पूड़ी बना करतीं। ताजा नाश्ता मेहमान के प्रति घरवालों के सम्मान और प्रेम का प्रतीक होता। अब तो प्लेट जैसी आती है, लगभग वैसी ही लौट जाती है। न खाने की मनुहार की जाती है और न खाने की उत्सुकता दिखती है। जब हर घर में एक सा ही नाश्ता मिलना है तो वह भला किसे रुचिकर लगेगा। हमारा खानपान हमारे संबंधों में गरमाहट रखता था।

**मिसेज साहनी** : यही छोटी-छोटी बातें इनसान को गढ़ती हैं और इन्होंने ही हम भारतीयों के पुरखों को गढ़ा। हमारा नित्य का आचरण देखने में छोटी, रोजमर्रा के काम की, किंतु अर्थ में बड़ी इन्हीं बातों पर निर्भर करता है। ऐसे ही वाक्य, ऐसी ही बातें भारत को विचार बनाती गईं···सहिष्णु और व्यापक।

**ऋतु** : नया अर्थ दिया आपने।

**मिसेज वर्मा** : अब आप लोग मेरी एक और बात पर गौर करें। आइए, अपनी कल्पना में एक परिवार में चलते हैं, जहाँ एक कार्यक्रम के लिए यह तय किया जा रहा है कि कितने लोगों को और किन्हें-किन्हें बुलाना है। इस चर्चा के बीच गृहस्वामी का एक संतुष्ट वाक्य गूँजता है—

किसको बुलाएँ और किसको छोड़ें। यहाँ घर ही घर के दो-पौने दो सौ लोग हो जाते हैं। बाहरवालों को भी बुला लो तो मैनेज करना मुश्किल।

**मिसेज चूड़ामणि**: अपने मांगलिक आयोजनों में तो यह वाक्य हम सब अकसर ही सुनते थे। ऐसे मिलनसार और परिवार से बनाकर चलनेवाले व्यक्ति के यहाँ किसी भी आयोजन में दो-ढाई सौ लोग जब बात की बात में जमा हो जाते हैं तो उसके चेहरे पर एक निराली ही आभा होती है। हो सकता है, यह वाक्य आपने खुद भी कहा हो या अपने ही घर में सुना हो, पर मैं पूछना चाहती हूँ कि यह कहते-सुनते हुए क्या इसके भीतर भी उतरे आप, कभी सोचा कि ये दो सौ लोग आते कहाँ से हैं, हैं कौन लोग ये, इनके आने, न आने से क्या बनता-बिगड़ता है?

मिसेज चूड़ामणि टीचर रह चुकी थीं, लिहाजा उनके बोलने का ढंग बड़ा प्रभावी था। उन्होंने दो मिनट लोगों को देखा और फिर बोलीं—

**मिसेज चूड़ामणि**: यही है हमारा परिवार और आप कितने भी समृद्ध क्यों न हो जाएँ, यही आपकी जरूरत है। परिवार नामक यह संस्था यहूदियों, अफ्रीकियों और कहीं-कहीं अन्य क्षेत्रों में भी मिलती है, लेकिन परवान यह केवल भारत में चढ़ी। जिस यूरोप की अंधी नकल में हम दीवाने हुए जा रहे हैं, वहाँ का हमें मिला एक प्रसाद, उनकी एकाकी जीवनशैली भी है।

**ऋतु** : अब मैं आपको एक बात मेडिकल के नजरिए से बताती हूँ। मुझे लगता है कि हमारे संस्कार इस एकांत के अभ्यस्त नहीं। नतीजा यह कि अकेलापन अपने साथ कई परेशानियाँ हमारे लिए ला रहा है। मैं अकसर ही डॉक्टरों को इस बारे में चिंता जताते सुनती हूँ।

**मिसेज वर्मा** : परिवार बहुत ऊर्जा देते हैं। अच्छी बात यह है कि आदतन बैठकबाज होने के नाते हम हिंदुस्तानी अब भी मौके-बेमौके ही सही, परिवार जुटा लेते हैं। एक-दो दिन की यह जुटान हमें ऊर्जा दे जाती है। नातेदारों का आना, उनसे बतियाना और सुख-दु:ख कहने-सुनने से हम अनजाने ही अपने भीतर की कुंठा और तनाव को दूर कर लेते हैं। इस जुटान में वह नकली हँसी नहीं होती, जो डॉक्टरों के इशारे पर आजकल पार्कों और बहुमंजिला इमारतों के सहन में देखी जाती है।

**मिसेज वाजपेयी** : भाई मैं तो मजबूरी में पार्क में ये वाली हँसी हँसती हूँ। हम भी क्या करें? पहले तो हम यही समझाते हैं कि घर से बाहर निकलो और कसरत करो।

**मिसेज वर्मा** : आप देखें, इसी पारिवारिकता के कारण हमारे यहाँ शादी इतना बड़ा आयोजन होती है। यदि दहेज और अनाप-शनाप खर्च, जैसी वर्तमान कुरीतियों को दूर कर दिया जाए तो भारतीय विवाह-प्रथा मेल-मिलाप और सुखी जीवन का एक अनिवार्य तत्त्व अब भी बन सकती है। अपने तीज-त्योहारों में हम लोगों की यह उत्सवप्रियता देख सकते हैं। होली के आठ दिन एक-दूसरे के घर आने-जाने के लिए होते हैं। अपने कानपुर में तो होली के आठवें दिन भी वह भीषण होली खेली जाती है कि पूछो मत। आठों का मेला ही लगता है, यहाँ। दीवाली है तो लोग एक-दूसरे को अपनी क्षमता भर उपहारों से लाद देते हैं। रक्षाबंधन है तो उसमें भी दिन भर हंगामा होना है। एक समय घर-घर जन्माष्टमी की झाँकी सजती और बच्चों में झाँकी प्रतियोगिता होती थी। हमारा हर पर्व भीड़ का पर्व है। दोनों नवरात्रि के बाद जिस तरह से मुहल्ले-मुहल्ले छोटी-छोटी और सजी-धजी लड़कियाँ कन्या-पूजन के लिए निकलती हैं, वह दृश्य किसी को भी मोहित कर सकता है। यह भी उत्सव है।

**मिसेज चूड़ामणि**: यह प्रमाण है भारत की उस आदिकालीन मान्यता का कि जीवन उसकी सामूहिकता में है, न कि अकेले-अकेले जीने में। इसीलिए पिछले तीन-चार दशक से जबसे आधुनिक दबावों

ने परिवारों को संकुचित कर दिया है, भारतीयों में मानसिक रोग भी बढ़े हैं। लोग अकेले रहते हैं। कभी जानकर और कभी विवशता में, लेकिन फिर उनके जीवन में एक समय ऐसा भी आता है, जब उन्हें इस एकाकीपन से उपजी चिंताओं और समस्याओं का समाधान कराने मनोचिकित्सक के पास जाना पड़ता है, जबकि संयुक्त परिवारों की रेलमपेल में इतना समय ही नहीं होता था कि आदमी अपने बारे में बुरी बातें सोच भी सके।

**मिसेज सोनकर** : संयुक्त परिवारों में तो जो कुछ है, वह सबका है। सुख भी सबके और दुःख भी सबके। भाग्यशाली हैं वे लोग, जो संयुक्त परिवारों में रहते हैं।

**मिसेज श्रीवास्तव**: संयुक्त परिवार प्रथा भारत की शक्ति है। राम के साथ उनके भाई खड़े थे। रावण के साथ भी उसके भाई थे और जिस भाई ने उसका साथ नहीं दिया, वह कृतघ्न व देशद्रोही कहलाया। साधनविहीन पाँच पांडव एकजुट न होते तो हार जाते। वहाँ सगे-सौतेले का भेद न था। अपनी सामाजिक संरचना को हम ध्यान से देखें तो व्यक्ति एक-दूसरे पर आश्रित मिलते हैं। यह आसरा सबके लिए मानसिक संबल होता।

**ऋतु** : मानसिक सहारा बहुत बड़ी ताकत होता है। इसीलिए आज भी अपने यहाँ अस्पतालों में एक मरीज के साथ दस तीमारदार चलते हैं। कई बार तो अस्पताल का कमरा घर लगने लगता है। हम लोग मना तो करते हैं, पर अंदर-ही-अंदर यह भी जानते हैं कि एक-दूसरे का सहयोग समर्थन ही रोगी को संबल देता है।

**मिसेज वरमानी** : हमारी पिछली पीढ़ी तक परिवार फल-फूल रहा था। अब अगर छोटे मकानों और कम आय के कारण संयुक्त परिवारों में रहना संभव नहीं तो कम-से-कम यह तो हो ही सकता है कि परिवार के लोगों से मिलते-जुलते रहा जाए, उन्हें उनके महत्त्व का अहसास कराते रहा जाए और यह करते हुए अपने लिए भी ऊर्जा जुटाई जाती रहे। बेशक, अब वे परिवार कम हो रहे हैं, जहाँ बच्चे अपनी बुआ या चाचा के अधिक निकट होते थे

या उनकी देखा-देखी अपनी माँ को भाभी कहा करते। ये रिश्ते मिट रहे हैं तो यह अच्छी बात नहीं।

**मिसेज वर्मा** : मन की अनेक समस्याओं का बड़ा कारण परिवार का बिखराव ही है। परिवार का नाता सीधे-सीधे व्यक्ति के मानसिक स्वास्थ्य से जुड़ता है। बच्चा परिवार में ही दूसरों के साथ रहना-खाना सीखता है।

**मिसेज चौहान** : हाँ, परिवार ही बच्चे को सामूहिकता और त्याग का पहला पाठ पढ़ाता है और फिर यही सीख बच्चे के रक्त में घुल जाती है। बचपन में दादी-बाबा से मिली सीख जीवन भर काम आती है। समाजशास्त्र का हर अध्ययन परिवार की महत्ता प्रतिपादित करता है। परिवार, उसका कर्ता, उसके सदस्य और उनका रहन-सहन, शिक्षा और विवाह हमारे समाज की रीढ़ रहे हैं। अब अपनी कुछ परंपराओं पर भी ध्यान दें। ध्यान इसलिए देना चाहिए, क्योंकि हमारे अवचेतन में पड़ी इन परंपराओं की शिक्षाएँ जाने-अनजाने हमें प्रभावित करती चलती हैं। हमारी सोच इनसे संचालित होती है। बचपन की इन्हीं देखी-सुनी बातों द्वारा हमारी गढ़न प्रक्रिया चलती रहती है।

**मिसेज वर्मा** : अब बच्चे बर्थडे मनाते हैं और अभिभावक भी बड़े उत्साहपूर्वक इन आयोजनों में भाग लेते हैं। बहुत अच्छी बात है पर केवल दो दशक पहले तक ऐसा नहीं था। बर्थडे तब भी मनते, लेकिन तब साथ में वर्षगाँठ भी मनती थी। परंपरावादी अंग्रेजी कैलेंडर से बच्चे का बर्थडे मनाते और हिंदी तिथि से बच्चे का जन्मदिन भी मना लेते। बर्थडे पर केक कट गया और जन्मदिन पर सूर्यास्त से पहले बच्चे को काले तिल पड़ा दूध पिला दिया गया और घर में गुलगुले बन गए। इसके बाद माँ ने अपने पास सहेजा हुआ एक मजबूत धागा निकाला और उसमें एक गाँठ लगा दी। यही वर्षगाँठ उर्दू में सालगिरह कहलाई। लड़के के पहले जन्मदिन के साथ धागे में यह गाँठ पड़ना आरंभ होती और उसके विवाह तक चलती। विवाह के बाद पड़नेवाली पहली वर्षगाँठ धूमधाम से मनाई जाती और फिर इसे बंद कर दिया जाता। आशय यह कि

माँ ने अपने पुत्र को सभी गाँठों (पूर्वग्रहों) से मुक्त करके उसे उसके नए जीवन के लिए उसकी पत्नी को सौंप दिया। नए दौर में, विवाह के बाद भी लड़के का जन्मदिन या बर्थडे मनने लगा है, परंतु तिल मिला दूध उसे नहीं पिलाया जाता। अब उसकी पत्नी अपने पुत्र का जन्मदिन इसी प्रकार मनाने लगती है।

**ऋतु** : कितनी उदार सोच है। विवाह के बाद पुत्र के नवजीवन प्रवेश पर माँ का कितना अद्‌भुत कार्य है। कितनी गरिमा और मर्यादापूर्वक उसने अगली पीढ़ी को परिवार के सूत्र सौंप दिए। वाह! वाह!

इसके बाद सभा विसर्जित होने लगी। लड़के ने घड़ी देखी तो सात बज रहे थे। वह चलने को था कि देखा, सभी लोग उठे और एक ओर को एक साथ चल दिए। महिलाएँ भी उनके साथ थी। उत्सुकतावश लड़का भी पीछे चल दिया। देखा, सभी लोग गेट से बाहर निकले और एक ठेले पर जाकर खड़े हो गए। ठेले पर लाल कपड़े में लिपटा एक बड़ा घड़ा रखा था। ठेलेवाले ने तत्काल सबको एक-एक गिलास मट्ठा और दो-दो स्लाइस पर मक्खन लगाकर दिया। लड़के ने देखा, सबसे अधिक रसास्वादन सबसे उम्रदराज मुखर्जी साहब कर रहे थे। लड़का कई महीने से कानपुर में था, पर ऐसा मट्ठा और ऐसा ब्रेड मक्खन उसने पहले नहीं खाया था। उसकी आत्मा तक तृप्त हो गई। लड़का यह भी जानता था, लड़की उसकी प्रतिक्रिया जानने के लिए उतावली होगी। लड़के ने खड़े खड़े ही टाइप किया—

**लड़का** : मन और पेट दोनों भर गए।

**लड़की** : अच्छा! लगता है, मट्ठा उड़ा रहे हैं आप।

**लड़का** : उसका भी धन्यवाद आपको।

**लड़की** : हमारे कानपुर की शान है यह मट्ठा और ब्रेड। कहीं नहीं मिलेगा आपको सुबह का ऐसा सेहतवाला नाश्ता।

**लड़का** : अच्छा! और क्या-क्या अच्छा मिलता है, आपके कानपुर में।

**लड़की** : बिरहाना जाइए, सब जान जाएँगे। रामबाग जाएँगे तो धनिया के आलू बेहतरीन मिलते हैं। नारंगी के यहाँ खाइएगा। चाट तो कानपुर की मशहूर है।

**लड़का** : बिल्कुल जाऊँगा, लेकिन आप भी हैं खूब चटोरी।

**लड़की** : होना ही चाहिए।

**लड़का** : पार्क में क्रिकेट भी हो रहा है। मुझे तो पता ही नहीं था। बहुत सारे नेट्स लगे थे, जिन पर सैकड़ों बच्चे प्रैक्टिस कर रहे थे।

**लड़की** : काफी पहले पार्क अव्यवस्थित था। मैदान की हालत भी ठीक नहीं थी। चूँकि बहुत बड़ा पार्क था तो दो हिस्से में कर दिया गया। वैसे भी कानपुर क्रिकेट की नर्सरी है।

**लड़का** : आप जा चुकी हैं क्या कभी इस सभा में?

**लड़की** : नहीं, मुझे तो सपना आया था।

लड़का हँसा। उसने एक लाइन का संदेश टाइप किया—यही था भारत। यही है भारत।

लड़की ने दोनों हाथ जोड़नेवाली स्माइली भेज दी। दोनों प्रसन्न और संतुष्ट।

करीब दो घंटे बाद अचानक लड़का, लड़की का नंबर मिला देता है। लड़की फोन उठाती है तो अभिवादन की औपचारिकता किए बिना एक ही बात बोलता है, 'अब आप बताएँ कॉफी आप पिलाएँगी या मुझसे पिएँगी?' लड़की मुदित होती है, परंतु कहती कुछ और है।

**लड़की** : कोई नई पुस्तक ली क्या, आपने इस बीच?

लड़का निराश होता है। समझ जाता है कॉफी का जुगाड़ नहीं बननेवाला। फिर भी एक और कोशिश करता है।

**लड़का** : कॉफी पीने में क्या समस्या है, आपको? चलिए, रेव मोती चलते हैं।

**लड़की** : अरे, नहीं भाई।

**लड़का** : कॉफी पीती नहीं या मेरे साथ नहीं पीना चाहतीं।

**लड़की** : ऐसी बात नहीं। आप न बुरा मानें और न ऐसा सोचें। आज मुझे बहुत काम है।

**लड़का** : कोई बात नहीं। फिर कभी सही।

लड़का फोन रख देता है। करीब आधे घंटे बाद लड़की का मैसेज आता है—आप बहुत अच्छे हैं।

लड़के का मूड सुधर जाता है।

इसके बाद काफी दिनों तक उनमें बातचीत तो होती रही, लेकिन दूसरे-दूसरे विषयों पर। गरज यह कि लड़का और लड़की दोनों एक-दूसरे के मैसेजों के आदी हो गए थे। दिन में कई बार उनमें संदेशों का आदान-प्रदान होता। अब उनका समय

या तो अपने काम पर जाता या फिर एक–दूसरे से बतकही में। दिलचस्प था कि वे आज तक मिले नहीं थे। लड़का जब भी बाहर कहीं मिलने की बात करता, लड़की बड़ी सफाई से टाल जाती। यह सर्वथा नई प्रकार की मैत्री थी। इस दोस्ती में विचार प्रधान थे। पुरुष और स्त्री गौण हो गए थे। मन का मन से नाता था। कॉफी से लड़की का इंकार लड़के को पहले तो बुरा लगता था, पर अब नहीं। उसे भी इस हाँ–ना में आनंद आता।

इसी तरह कई माह बीत जाते हैं। लड़का–लड़की एक–दूसरे के स्वभाव को भलीभाँति समझ चुके थे। एक–दूसरे की पसंद नापसंद जान गए थे। वे जानते थे, किसे खाने में क्या अच्छा लगता है और फिल्में किस तरह की पसंद आती हैं। यह भी संयोग ही था कि उनकी पसंद एक जैसी थी—सिक्के पर सिक्का। मानसिक भूख और उसकी भरपूर संतुष्टि इन्हें कुछ और सोचने ही नहीं देती थी। भिन्न विषयों पर दोनों तरफ से आनेवाले लंबे–लंबे संदेश और देर रात होनेवाली फोन कॉल्स उन्हें अद्‌भुत वैचारिक तृप्ति देतीं।

एक और बात। उनके बीच संबोधन आपका ही चल रहा था। लड़की तो कभी–कभी (जाने या अनजाने, यह तो लेखक भी नहीं जानता) तुम कह भी उठती है, पर लड़के ने मन होते हुए भी कभी सीमा नहीं लाँघी और खुद को आप कहने तक ही सीमित रखा। लड़की पढ़ाती थी। उसकी कॉलेज की ड्यूटी उतनी सख्त नहीं थी, जबकि लड़का सरकारी डॉक्टर था। उसे सुबह आठ बजे ओ.पी.डी. में पहुँचना ही होता, जहाँ सैकड़ों मरीज पहले से लाइन में लगे होते। फिर भी कमाल यह था कि कभी–कभी रात भर जगने के बाद भी दोनों ने अपनी नौकरी से समझौता नहीं किया। चाहे दो घंटे सो सके हों, पर अस्पताल और कॉलेज समय पर पहुँचते थे। दोनों समय के पाबंद थे।

अनोखी थी अचानक हुई यह दोस्ती…!

फिर एक दिन…

लड़की का फोन आता है। लड़के को फोन उठाने में देर लगती है तो वह उलाहना देती है। लड़का बताता है, वह खाना बना रहा था। लड़की तत्काल कुछ भिजवाने की कोशिश करती है तो लड़का मना कर देता है। फिर लड़की कहती है कि आगामी शनिवार को उसके कॉलेज में एक व्याख्यान है और जिसके वक्ता होंगे दिल्ली से आए समाजशास्त्री डॉ. विवेक कुमार। लड़की लड़के से कहती है कि व्याख्यान की कॉपी वह उसे भेज देगी। लड़का हामी तो भरता है, पर यह भी

पूछता है कि वह व्याख्यान सुन नहीं सकता क्या ? लड़के का मन यूँ है कि जेएनयू में पढ़ानेवाले डॉ. विवेक कुमार को वह कई बार टी.वी. पर देख-सुन चुका है और उनसे मिलने की उसकी बड़ी प्रबल इच्छा थी। लड़की मजबूरी बताती है कि कॉलेज लड़कियों का है। लड़का निराश होता है, पर अगले ही दिन लड़की उसे खुशखबरी देती है कि डॉ. विवेक कुमार उससे मिलेंगे, पर वह आई.आई.टी. कानपुर में ठहरे हैं, जहाँ लड़के को जाना होगा। यह कौन सी बड़ी बात थी। विवेक कुमार से मिलने लड़का दिल्ली जाने को तैयार था, आई.आई.टी. तो आधे घंटे की दूरी पर था। लिहाजा लड़का तत्काल मान जाता है और अगले दिन अस्पताल के टाइम से पहले दिए गए समय पर सुबह छह बजे आई.आई.टी. के गेस्ट हाउस पहुँच जाता है। डॉ. विवेक कुमार लड़के की समझ और नए विचारों से प्रभावित होते हैं और उसे कभी जे.एन.यू. आने की दावत देते हैं। आधे घंटे की जगह उनमें करीब डेढ़ घंटे बातें होती हैं।

□

# घर को देखो, मकान न देखो

**विवेक कुमार** : हाँ, भाई डॉक्टर साहब! कानपुर में तो फ्लैट में रहते हैं आप। कोई पुश्तैनी मकान भी है क्या आपका?

**लड़का** : जी है। बचपन में पिता के साथ हमेशा ही वहाँ जाता था, पर उनके देहांत के बाद जाना काफी कम हो गया है।

**विवेक कुमार** : कम तो नहीं होना चाहिए। जड़ों को जोर से पकड़े रहें। वहीं से आएगा तन-मन का ईंधन।

**लड़का** : जी, अब नियमित जाऊँगा।

**विवेक कुमार** : अच्छा यह बताएँ अपने पुरखों के घर पर कभी गौर किया है क्या आपने?

**लड़का** : गौर क्या करना, वह घर तो मेरी आँखों में बसा है।

**विवेक कुमार** : तो उसे अब फिर ध्यान से देखें। चूँकि आपने बहुत समय से नहीं देखा है तो उसे देखने जाएँ। उस घर से मिलें और सोचें कि वह ऐसा क्यों बनाया गया और वह उस फ्लैट या उस मकान जैसा क्यों नहीं है, जिसमें अभी आप रहते हैं। यह भी सोचें कि आपके उस पुश्तैनी मकान के पड़ोसवाले सभी पुराने मकान भी उसी के जैसे क्यों हैं? यह भी सोचें कि इन पुराने मकानों के बीच में उग आए नए मकान बहुत अलग से क्यों हैं? आप सोचें पर अभी एक प्रयास मैं करता हूँ। मुझसे बात करते हुए अपने जिस पुराने घर की मानसिक यात्रा पर आप इस समय हैं डॉक्टर साहब, हम और आप अपनी कल्पना में वहीं चले चलते हैं।

**लड़का** : मैं तैयार हूँ।

**विवेक कुमार** : तो चलिए, अब हम दोनों आपके घर पहुँच चुके हैं। आप देख रहे हैं उस घर में बाहर की ओर एक हाता या खुला मैदान है, जहाँ से होकर ही आगंतुक घर के भीतर जा सकता है। हाते के तत्काल बाद और घर में प्रवेश करने से पहले एक छोटा सा कमरा मिलेगा, जिसे कहीं-कहीं बरोठा कहा जाता है। बरोठा पार करते ही फिर बड़ा सा आँगन और जिसके बीचोबीच एक गमले में लगा होगा, तुलसी का पौधा। आँगन के चारों तरफ कमरे होंगे और एक किनारे स्नानघर।

**लड़का** : है तो ऐसा ही।

**विवेक कुमार** : कमरों के एक किनारे एक और छोटा सा कमरा है, जो स्टोर का काम करता है और जहाँ घर में नित्य काम आनेवाला अनाज, मसाले और ऐसी ही अन्य घरेलू वस्तुएँ रखी जातीं। वहीं पास में पूजाघर होता। कमरों से आगे रसोई और घर के बाहर एकदम पीछे की ओर शौचालय। शौचालय के बाद एक रास्ता, जहाँ से घर के पिछवाड़े निकला जाता। घर में एक ऐसा कमरा भी होता, जहाँ दिन भर घरवालों की बैठकी जमती। प्राय: यह पूजाघर के पास होता। ऐसे ही कमरे आजकल लिविंग रूम कहलाते हैं।

**लड़का** : इतने कमरे तो नहीं हैं हमारे घर में, लेकिन हाँ मकान का नक्शा करीब करीब ऐसा ही है सर।

**विवेक कुमार** : घर का आकार तो व्यक्ति की आर्थिक क्षमता पर निर्भर करता है। मुख्य बात उसके नक्शे की होती है। ध्यान देनेवाली बात यह है माधव कि भारतीय वास्तुशिल्प आपके पुरखों जैसे घर आदिकाल से बनाता आया। इस प्रकार बने घरों में ही भारतीय संस्कृति गढ़ी जाती। इन्हीं घरों ने संयुक्त परिवार प्रथा को जन्म दिया और यहीं पारिवारिकता की नींव पड़ी। इनकी निर्माण शैली के कारण ही घर का हर सदस्य दिन में दो-चार बार एक-दूसरे के सामने पड़ता। सब लोग साथ खाना खाते और साथ ही घर-बाहर के विवाद सुलझाते। इस प्रकार उनमें सामूहिकता विकसित होती। रसोई इतनी बड़ी होती कि भोजन वहीं होता

और यदि छोटी होती तो उससे सटे हिस्से में खाना खाया जाता। इस निर्माण के पीछे की सोच लोगों को जोड़कर रखने की थी। लोग जुड़ेंगे तभी, जब एक-दूसरे से मिलेंगे। जिसे आजकल कम्युनिकेशन गैप कहा जाता है, वह संवादहीनता इस प्रकार बने मकानों में संभव ही नहीं। सामने पड़ोगे तो बात करनी होगी और सामने तो पड़ना ही है। आजकल तो पिता को भी पता नहीं चलता, बेटा घर से निकला कब और बेटी लौटी कब।

**लड़का** : आपकी बात समझ पा रहा हूँ। यह एक कमी तो आई है।

**विवेक कुमार** : अब इन घरों की तुलना आज के मकानों से करें, जहाँ किचन और बाथरूम साथ होते हैं और आर्किटेक्ट कहता है, इससे कोई फर्क नहीं पड़ता। इसमें कोई संदेह नहीं कि बेहिसाब बढ़ती आबादी और कम होती भूमि के कारण पहले जैसे मकान बनाना अब संभव नहीं। पैसे और समय ने दिलों की तरह घरों को भी छोटा कर दिया है। वास्तु आज का फैशन स्टेटमेंट है। हमारी विवशता हमारी कम आमदनी हो सकती है, पर मीठे बोल और सद्भावना पैसे नहीं माँगते। पहले के समय आँगन में तुलसी होती और अहाते में नीम। सेहत के लिए गुणकारी इन पौधों के बोनसाई हम अपने फ्लैट में आज भी लगा सकते हैं। हम चाहें तो ऐसे आँगनवाले घर अब भी बना सकते हैं—हर कमरे में अटैच्ड बाथ के साथ। उनकी तो बात अलग है जो लोग फ्लैट पसंद करते हैं या जिनकी आर्थिक क्षमता ऐसी नहीं कि प्लॉट खरीदकर मकान बना सकें, परंतु वे लोग, जो बड़े प्लॉट लेकर मकान बनाते हैं, वे तो अपना घर भारतीय स्वभाव और मौसम के अनुकूल बना सकते हैं। केवल मकान का नक्शा ही तो बनाना होगा ऐसा।

**लड़का** : अब तो आँगन को अनावश्यक माना जाने लगा है।

**विवेक कुमार** : हमारे पुरखे इस बात को समझते थे। इसीलिए उन्होंने घर बनाए, मकान नहीं। पूर्वजों की यह समझदारी ही हमारी शक्ति थी और ऐसे ही बनता गया भारत। मकानों के निर्माण के पीछे भाव होता है।

अब एक प्रश्न आपसे?

**लड़का** : जी पूछें।

**विवेक कुमार** : गाँव क्या होते हैं? आप सोच रहे होंगे, यह कैसा फालतू सवाल है। गाँव जिनकी रग-रग में बसा हो, उन्हें गाँव के बारे में भला क्या बताना। फिर भी एक बार सोचें अवश्य कि आपके आज के गाँव के पुरखे कौन थे?

**लड़का** : मैं समझ नहीं पा रहा।

**विवेक कुमार** : हम सब गाँव के ही हैं। अंतर बस इतना है, कोई गाँव से निकलकर दस बरस पहले शहर आ बसा तो कोई 60 बरस पहले। ग्राम्य भारत के बारे में कवियों, विचारकों ने अनेक बातें कही हैं। उसकी महिमा में स्तुति गान किया गया।

प्राचीन भारत की संस्कृति थी—

**ग्रामे ग्रामे सभा कार्या, गेहे गेहे शुभा कथा।**
**पाठशालां, मल्लशालां गवाम् सदनमेव च।।**

(गाँव-गाँव में सभाएँ हों, घर-घर में कथा हो, स्कूल व जिम हों और गौशालाएँ हों)

यह था हमारा भारत, विश्वगुरु भारत। इस सुभाषित में गौशालाओं की बात इसलिए की गई, क्योंकि गाय हमारी कृषि-आधारित अर्थव्यवस्था का आधार थी, साथ ही, नदियों से भरा इतना विशाल और उपजाऊ मैदान धरती पर और कहीं नहीं था। यही वह मैदान था, जिसके कारण बहुत से भारतीय शाकाहारी हुए, क्योंकि उनके पास वह उर्वर भूमि थी, जहाँ एक बीज फसल बन जाता। नित्य भोजन से पहले गौ का ग्रास निकाल देना हमारी संस्कृति में एक प्रतीक हुआ करता। गाय ऐसा अकेला पशु है, जिसका गोबर भी काम आता है और जिसका दूध माँ के दूध जैसा जीवाणुमुक्त और पौष्टिक माना जाता है। देश का इतिहास उसका भूगोल बनाता है। समाज का खानपान भी भूगोल ही तय करता है। ऊपर के श्लोक में गाँव की सुंदर कल्पना कभी यथार्थ हुआ करती। अच्छी खेती हो, अच्छी शिक्षा हो और अच्छा शरीर तो और क्या चाहिए?

**लड़का** : सर, मुझे तो लगता है सरकारों को सबसे अधिक ध्यान शिक्षा, चिकित्सा और किसानों पर देना चाहिए।

**विवेक कुमार** : हमारा किसान हमारी शक्ति है डॉ. माधव। जिस मिट्टी में वह

अपना पसीना मिलाता है, वह शक्ति है भारत की। एटलस देख जाइए कि जो हमसे बड़े देश हैं, वहाँ मैदान तो हैं, लेकिन रेत और बर्फ के रेगिस्तान भी हैं, जबकि आप गोरखपुर से जम्मू तक ट्रेन से चलिए तो खिड़की के दोनों तरफ केवल हरियाली और नदियाँ दिखती हैं। यही वह उपजाऊ मैदान है, जिसकी तलाश में दूसरी सभ्यताएँ यहाँ आती गईं। सदानीरा नदियाँ और एक दाना डालो तो बदले में पूरी फसल देनेवाले ये मैदान शक्ति हैं भारत की। इन्हें सँभाल लो कि इन्होंने बनाया है तुम्हें। उस किसान को बचा लो, जिसने पाला है तुम्हें।

**लड़का** : यही था भारत। यही है भारत।

**विवेक कुमार** : यह क्या बोला?

**लड़का** : हाल ही में सीखा है यह भाव।

लड़का विवेक कुमार के पाँव छूकर उनसे विदा लेता है। वह बहुत खुश था। विचारों को व्यापक बनाने का गुर सीखा था आज उसने। जिस पुश्तैनी मकान में वह बचपन से जाता रहा था, उसे आज वह नई दृष्टि से देख रहा था। उसे याद आया, परबाबा का बनवाया वह घर कई जगह से टूट रहा है। उसने संकल्प लिया कि घर को ठीक कराएगा और बहन को लेकर वहाँ अब लगातार जाया करेगा। उसे आज अपने माता-पिता बेतरह याद आ रहे थे। प्रो. विवेक कुमार की आँख से ओझल होते ही वह लड़की को मैसेज करता है—

आभार, आभार, आभार।

लड़की का जवाब आता है—

जीते रहो, जीते रहो, जीते रहो।

लड़का और खुश होता है। उसकी खुशी से लड़की खुश होती है।

हफ्ते-दो हफ्ते उनमें फिर सामान्य मैसेजिंग चलती है।

□

# विकृत इतिहास लेखन का घातक ईकोसिस्टम

इतवार का दिन था और लड़का बिल्कुल ही फुरसत में था। सुबह चाय की दुकान पर दो घंटे अड्डा जमा आया था तो मूड भी एकदम झमाझम था। कहीं जाऊँ, न जाऊँ की उधेड़बुन में उसने लड़की को मैसेज किया, 'फ्री हैं?' थोड़ी देर बाद लड़की का जवाब आया, 'कहिए?'

**लड़का** : फ्री हों तो कहूँ?

**लड़की** : आपको अपनी बात का जवाब चाहिए या मेरे फ्री होने या न होने पर थीसिस लिखनी है।

**लड़का** : आपने क्या कसम खा रखी है कि कभी किसी बात का सीधा जवाब नहीं देंगी?

**लड़की** : कसम तो नहीं खाई है।

**लड़का** : यानी कसम तो नहीं खाई है, पर जवाब सीधा नहीं देंगी। अच्छा यह बताएँ, आप अपने हर लेख के अंत में यह क्यों लिखती हैं—जो भारत था, जो भारत है। उस दिन अपने व्याख्यान का समापन भी आपने इसी लाइन से किया था।

**लड़की** : आपको क्या लगता है, क्यों लिखती हूँ मैं ऐसा?

**लड़का** : आप भारत का प्राचीन गौरव याद करना और याद दिलाना चाहती हैं।

**लड़की** : बात इससे गहरी है। आपको नहीं लगता देश की प्राचीनता, इसके ज्ञान की बात सायास दबा दी गई है?

**लड़का** : बिल्कुल लगता है। सहमत हूँ आपसे। आप चौदह-पंद्रह साल के किसी बच्चे से बात करें तो उसका इतिहास ज्ञान सिकंदर,

शेरशाह सूरी, अकबर या राजपूतों के आपसी संघर्ष तक सीमित मिलेगा। ऐसा हर व्यक्ति, जो इतिहास का छात्र नहीं वह अकबर और अशोक के बारे में तो जानता होगा, लेकिन बाकी सबके बारे में नहीं। दक्षिण, पूर्व और पूर्वोत्तर भारत के राजवंश, उनकी कलाएँ और स्थापत्य, वहाँ के लोग इन सबके बारे में आम भारतीय मानस अपरिचित है। यह है मेरी शिकायत। हमारी पुस्तकें बहुत विस्तार में यही बताती हैं कि राजपूत थे तो वीर, लेकिन उनमें एक-दूसरे को नीचा दिखाने की प्रवृत्ति बहुत थी और इसी कारण उनकी पराजय हुई।

**लड़की** : यही पुस्तकें यह भी बताती हैं कि मुस्लिम आक्रमणकारी बाहर से आते और राजपूतों को हराकर या तो अपना राज्य स्थापित करते या उन्हें लूटकर लौट जाते। ऐसा लगता है, पिछले आठ सौ सालों में ही भारत में सबकुछ हुआ। पहले मुस्लिम आक्रांताओं ने यहाँ की बाजार व्यवस्था दुरुस्त की, यहाँ के लोगों को उठने, बैठने, बात करने का सलीका और युद्ध लड़ना सिखाया। उनके बाद अंग्रेज आधुनिक आविष्कार लेकर यहाँ आए। कोई नहीं बात करता कि यदि यह देश विश्व की प्राचीनतम सभ्यताओं में एक है तो आठ सौ सालों के पहले यहाँ क्या था, आखिर लोग यहाँ कैसे रहते थे? उनका खान पान, उनकी वेशभूषा कैसी थी, उनकी कोई संस्कृति थी भी या नहीं, उनकी भाषा, उनका संगीत, उनका आचार-विचार कैसा था, कैसे थे दक्षिण, पूर्वी, पश्चिमी या पूर्वोत्तर भारत?

**लड़का** : पिछले आठ सौ वर्ष हमारे ऊपर इस तरह हावी हो गए या लाद दिए गए कि हम अपना आत्मसम्मान भूल गए।

लड़का यह मैसेज भेजने के बाद पानी पीने के लिए उठ गया। वह प्रतीक्षा कर रहा था लड़की के जवाब की, लेकिन जब दस मिनट तक उसका कोई मैसेज नहीं आया तो वह अधीर हो उठा। उसने टाइप किया—कहाँ चली गईं।

पाँच मिनट बाद जवाब आया—अभी बात संभव नहीं, रात में करूँगी। लड़के का दिन इस मैसेजिंग से अच्छा कटनेवाला था, लेकिन जब यह जवाब मिला तो वह भी पड़कर सो गया। शाम को उठा तो घूमने निकल गया। थककर रात करीब 11

बजे लौटा और लौटते ही जो बिस्तर पर लेटा तो नींद आ गई। आँख खुली फोन की लगातार बजती घंटी से। चिहुँककर फोन उठाया तो देखा स्क्रीन पर लड़की का नाम चमक रहा था। तब लड़के की आँख अनायास ही घड़ी की तरफ चली गई, जिसका काँटा एक बजा रहा था। लड़के ने कॉल ली और बोला, 'इतनी रात को फोन कर रही हैं आप?' आप तो रात में मैसेज करनेवाली थीं?

**लड़की** : तो ये क्या दिन है?

लड़का चुप। उधर लड़की फिर बोली, 'और आपने दिन में मेरा मैसेज ध्यान से नहीं पढ़ा। उसमें मैंने बात करने के लिए कहा था, मैसेजिंग के लिए नहीं।'

लड़के ने चुप रहना ही बेहतर समझा।

**लड़की** : दिन में बिल्कुल ही समय नहीं मिला और अभी फोन इसलिए किया, क्योंकि मुझे लंबी बात कहनी है और जो मैसेज में कहने में बहुत समय लेगी।

**लड़का** : मैं सुन रहा हूँ।

**लड़की** : भारत के महान राजाओं में एक अकबर महान हैं और दूसरे अशोक महान। मैं इन्हें पूरा सम्मान देते हुए यह कहना चाहती हूँ कि वह समुद्रगुप्त क्यों नहीं महान है, जिसने भारत के बाहर विजय पताका फहराई और जो जितना युद्ध प्रवीण था, उतना ही कुशल शासक था। समुद्रगुप्त ने चार दशक से अधिक समय तक राज्य किया और समृद्ध विरासत छोड़ी। अशोक के बाबा चंद्रगुप्त, जिन्होंने मौर्य वंश की स्थापना की और बाद में कुशल प्रशासक भी सिद्ध हुए, उनका यशोगान क्यों नहीं किया गया? सबसे बड़ी बात यह कि दक्षिण भारत कहाँ है इस सूची में। चोल, चालुक्य, राष्ट्रकूट राजाओं के बारे में कितना पढ़ाया जाता है हमारे यहाँ। उसे दक्षिण भारत का इतिहास कहा जाता है। क्यों? वह भारत का इतिहास क्यों नहीं? यह बहुत बड़ा षड्यंत्र किया गया देश को बाँटने का। कृष्णदेव राय और विजयनगर साम्राज्य के बारे में जानने का अधिकार केवल इतिहास के छात्रों का नहीं, सारे देश का है। वे भारत का गौरव हैं। क्या अकबर या औरंगजेब को हम उत्तर भारत का शासक कहते हैं? औरंगजेब क्या पूरे भारत का शासक था?

उत्तर भारत में कितने लोग सातवाहन राजा गौतमीपुत्र शातकर्णि के नाम से परिचित हैं। वह न केवल युद्ध के मैदान में अपूर्व था, बल्कि अन्य क्षेत्रों में भी उसकी धाक थी। वह पहला ऐसा राजा था, जिसने अपने नाम के आगे माँ का नाम जोड़ा। बाद में उसके उत्तराधिकारियों ने भी यह परंपरा जारी रखी। जिस प्रकार अशोक या अकबर देश भर में घर-घर जाने गए नाम हैं, वैसा ही सम्मान दक्षिण के राजाओं को क्यों नहीं मिला, दक्षिण भारत का इतिहास हमारे पाठ्यक्रम में उपेक्षित क्यों है, क्यों स्थापत्य के नाम पर ताजमहल या लाल किला प्रसिद्धि पाता है? दक्षिण और पूर्वी भारत में अब भी बारह-चौदह सौ वर्षों से विशाल मंदिर बने खड़े हैं। उनका स्थापत्य पुस्तकों से बाहर नहीं आता। मेरी आपत्ति इस पर है। उधर यूरोप है, जो अपने पाँच-सात सौ साल पुराने स्थापत्य को सँभालकर रखता है, उस पर इतराता है। चंद्रगुप्त मौर्य के शासन काल में बना चार तालाबों का एक संकुल श्रंगवेरिपुर में पाया गया है। संकुल करीब 250 मीटर लंबा और 38 मीटर चौड़ा है। गंगा नदी का पानी इन तालाबों तक लाने के लिए एक नहर उस समय बनाई गई। यह संकुल इंजीनियरिंग का कमाल है और आज के अनुमान से इसमें तब लगभग 80 लाख लीटर पानी आ सकता था। कभी इसकी चर्चा सुनी आपने? चोल वंश का वह राजा करिकाल क्यों महान नहीं कहलाया जा सकता, जिसने कावेरी नदी के तट पर 160 किलोमीटर लंबा तटबंध बनवाया था। उसने सिंचाई की बड़ी-बड़ी नहरें बनवाईं। इन नहरों के कारण वाणिज्य, व्यापार, कलाएँ और कृषि फली-फूली। दो हजार साल पहले यह तटबंध बनाना बहुत बड़ी बात थी। 19वीं सदी में इसका पुनर्निर्माण हुआ और यह आज भी काम करता है। उसकी उपेक्षा क्यों? इसलिए, क्योंकि करिकाल ब्राह्मण धर्म को संरक्षण देता था। करिकाल संगम युग का सबसे महत्त्वपूर्ण राजा था। करि का अर्थ होता है—हाथी। वह अपने शत्रुओं के लिए काल था। करिकाल साहित्य प्रेमी था और अपने समय

में बड़े-बड़े शिक्षाविदों को उसने संरक्षण दिया, लेकिन उसका नाम दक्षिण भारत के इतिहास तक ही सीमित कर दिया गया। विजयनगर राज्य की राजधानी के निकट ग्यारहवीं सदी में बना वह हाम्पी गाँव देश भर में चर्चित होना चाहिए था, जहाँ न केवल हाम्पी मंदिर, बल्कि पुरातात्त्विक महत्त्व के अनेक स्थल हैं। 2500 वर्ष पहले बना मदुरै का मीनाक्षी मंदिर और बारहवीं सदी में भाटी राजपूत राजा रावल जैसल द्वारा बनवाया गया जैसलमेर किला भी इसी श्रेणी का है। वातापी के प्रतापी चालुक्य और देवगिरि के यादवों का नाम उत्तर भारत में कैसे अज्ञात रह गया, इन्हें कब पढ़ाया जाएगा?

**लड़का :** इस तरह तो यह उपेक्षित भारत हुआ?

**लड़की :** एक उदाहरण सिकंदर का है। उसके हमले के समय का साहित्य और इतिहास सिकंदर पर लगभग चुप हैं। कारण यह कि सिकंदर भारत की सीमा से लौट गया। वह आक्रमणकारी था, शासक नहीं। उसकी विजय तैमूर लंग या महमूद गजनवी की तरह धर्म विजय नहीं थी कि उसका कोई स्थायी प्रभाव पड़ता। भारत तक आने में सिकंदर ने भले ही कई देश जीते हों, लेकिन यहाँ आकर उसकी यात्रा समाप्त हो जाती है। पोरस से हुए युद्ध और आगे मगध के भय ने उसके पैर रोक दिए थे। इसके विपरीत हमारे साहित्य, सिनेमा और पाठ्यपुस्तकों में सिकंदर छाया हुआ है।

**लड़का :** अभी तक मैंने सिकंदर को यूँ नहीं देखा था, लेकिन जब आपकी तरह से सोच रहा हूँ तो आपकी बात समझ में आ रही है।

**लड़की :** पिछले दिनों उत्तर प्रदेश के बागपत जिले में पुरातत्त्व विभाग ने खोदाई की तो ईसा से 1800 से 2000 वर्ष पूर्व का एक रथ मिला। अब लोग यह कहने को विवश हैं कि भारत में भी इतने साल पहले रथ चलते थे। यह कहनेवाले यह भूल जाते हैं कि हमारे यहाँ मंत्रों में घोड़ों का वर्णन है। अश्वमेध यज्ञ होता और सूर्य के सात घोड़े बताए गए। महाभारत में अर्जुन के रथ पर हनुमान के बैठे होने का वर्णन मिलता है। कर्ण के

पिता सारथी थे। युद्ध में रथी और महारथी का वर्गीकरण था। कैकेयी ने दशरथ के रथ का पहिया कीचड़ से निकालकर ही उन्हें प्रभावित किया था। पैदल राम से लड़ने रावण अपने रथ पर आया तो देवताओं ने राम के लिए अपना रथ भेजा। ये कथाएँ भारत की हैं, लेकिन ऐसा बताया गया, जैसे घोड़े और रथ केवल रोमन सभ्यता में थे। पता नहीं आप कभी खजुराहो गए हैं या नहीं। मैं एक बार गई थी। 10वीं और 11वीं शताब्दी में चंदेल राजपूतों ने ये मंदिर बनवाए थे। ऐसे 85 मंदिर थे, पर अब केवल 20 बचे हैं। ये मंदिर उनके लिए भी सबक हैं, जो भारत को कलाविहीन देखना चाहते हैं और उनके लिए भी, जो भारत का मतलब अंधविश्वास और ढकोसलों से लगाते हैं। दिल्ली, आगरा घूम आइए। चारों तरफ आपको मुगल बादशाहों के मकबरे और स्मारक दिखेंगे। लखनऊ, दिल्ली, गोवा और अन्य शहरों में अंग्रेजों की कब्रें मिल जाएँगी। वे भी होनी चाहिए, लेकिन चंद्रगुप्त मौर्य की समाधि कहाँ है? भारत की सीमा से आगे बढ़ने का साहस जो सिकंदर न दिखा सका, उस पर तो कई फिल्में बनीं, लेकिन चंद्रगुप्त पर नहीं। सिकंदर मात्र एक विजेता और आक्रमणकारी था, जबकि चंद्रगुप्त शासक भी था, लेकिन उसकी समाधि कर्नाटक के श्रवणगोलबेला में उपेक्षित पड़ी है। इस बात पर ध्यान दें कि उदारमना और लोकतांत्रिक भारत का जीवित प्रमाण हैं खजुराहो के मंदिर।

**लड़का :** ये आप वहाँ की मूर्तियों के आधार पर कह रही हैं?

**लड़की :** जी! उसी कारण। इन मूर्तियों के बनाने और उन्हें स्वीकारे जाने के पीछे की उदार सोच नहीं दिखती आपको? यौन संबंधों का ऐसा चित्रण उस समय के समाज की प्रगतिशील सोच का द्योतक है। मैंने पहले भी कहा है और फिर कहती हूँ, किसी कलाकार द्वारा किसी संवेदनशील या भावनाप्रधान विषय पर कोई मूर्ति या कोई चित्र बना लेना, उसके समय के समाज की उदारता का प्रमाण तो है ही, पर उसका यह महत्त्व तब और बढ़ जाता है, जब उस मूर्ति या उस कला या उस कृति को

संपूर्ण समाज व्यापक रूप से स्वीकार करता है और करता चला जाता है। लोक की मान्यता मिलना महत्त्वपूर्ण है। एक और बात कहना चाहूँगी। हमारे प्रतीकों और देवों का प्रायः उपहास उड़ाया जाता है। मुझे ऐसे लोग मिलते हैं, जो कहेंगे कि शिव की तीसरी आँख भला कहाँ से आ गई, वे कहते हैं कि किसी का भी तीसरा नेत्र भला कैसे हो सकता है?

**लड़का :** आप क्या उत्तर देती हैं?

**लड़की :** यही कि तीसरा नेत्र प्रतीक है। मानव की एक प्रवृत्ति काम है और जब कामदेव शिव को परेशान करने लगे तो उन्होंने उसे अपने तीसरे नेत्र से भस्म कर दिया। ये कथाएँ गूढ़ बात को सरल ढंग से समझाने के लिए कही गईं। इनकी दार्शनिकता को हम ग्रहण करेंगे तो जीवन में आगे चलेंगे। शिव की तीसरी आँख ज्ञान और विवेक का प्रतीक है। इसे खोलें अथवा जाग्रत् करें। यह आँख सबके पास है। यह अलग बात है, कौन इसका प्रयोग कर पाता है और कौन नहीं। शिवत्व सबके बस का नहीं। यह दुर्लभतम गुण है।

**लड़का :** इसीलिए मैं भी मानता हूँ कि देश को सर्वाधिक नुकसान कम्युनिस्ट इतिहासकारों ने पहुँचाया। आजादी के पहले से ही इस विचारधारा द्वारा भारतीय संस्कृति के दलन-दमन का जो क्रम आरंभ हुआ था, आजादी के बाद वह और तेज हो गया।

**लड़की :** शिक्षा और संस्कृति में कम्युनिस्टों ने अपने लोग भरे और मार्क्सवादी प्रतीकों को आसमान पर पहुँचा दिया। सत्ता के समर्थन से उनका दखल और दबाव इतना तीव्र था कि लेफ्टिस्ट होना फैशन हो गया और भारतीय अस्मिता की बात करना पिछड़ापन। धीरे-धीरे यह घुन पूरे समाज में लगा और भारतीय अपना स्वाभिमान भूलने लगे। किसी लेखक ने उत्तर भारतीयों को सांस्कृतिक सर्वहारा कहा है। उनकी राय में इस्लाम और अंग्रेजी हुकूमत के आठ सौ वर्षों में उत्तर भारतीयों को इतना पीटा गया कि वे अपनी बात कहना भूल गए। यह बहुत आश्चर्यजनक है और शायद भारत में ही है कि यहाँ आक्रांता

का यशोगान हुआ और जो पराजित हुए, उन्हें कायर, कमजोर या आपस में लड़नेवाला कहा गया। उनके और उनके विचारों के प्रति उपेक्षा भाव रखा गया। यह बहुत व्यापक षड्यंत्र किया गया भारतीयों के साथ। आक्रांता की सभ्यता श्रेष्ठ मानी गई और जो हारे, उन्हें अंधविश्वासी, ईर्ष्यालु और पिछड़ा कहा गया। बहुत सरलतापूर्वक यह तथ्य भुला दिया गया कि राजपूतों ने पराजित होने के पहले तीन सौ वर्ष मुस्लिम आक्रमणकारियों से संघर्ष किया था। इस बात को कहनेवाले नहीं मिलेंगे आपको।

**लड़का** : सही है। जितनी सरलता से ये हमलावर मध्य एशिया और स्पेन तक फैल गए, उस अनुपात में भारत में तो इन्हें बहुत समय लग गया।

**लड़की** : यही कारण है कि रंगमंच हो या साहित्य, सब जगह कम्युनिस्ट दिखते हैं और बजाय इस बात को मानने के कि उन्होंने साहित्य पर डाका डाला, वे उल्टा कहते हैं कि दक्षिणपंथ में न लेखक हैं और न विचारक, यानी उनकी राय में जो कुछ अच्छा, अनोखा और अनुकरणीय है, वह केवल कम्युनिज्म में है। एक घटना बताती हूँ। दैनिक जागरण अखबार लखनऊ में संवादी नाम से एक बड़ा साहित्योत्सव कराता है। एक बार उसमें नरेंद्र कोहली भी आमंत्रित थे। मैं उन्हें सुनने गई थी। उनकी चर्चा चली तो एक कम्युनिस्ट लेखक ने, जिनका अपना रचनाकर्म कोहलीजी का चौथाई भी नहीं है, मंच से कहा कि वे उन्हें साहित्यकार ही नहीं मानते। यह है कम्युनिस्टों की हालत। कोई दूसरा उन्हें बरदाश्त ही नहीं। रामकथा और महाभारत को आधुनिक, तार्किक व वैज्ञानिक दृष्टि से देखने वाला लेखक कम्युनिस्टों के लिए महत्त्वहीन है, भले ही उस लेखक के पाठक अनंत हों। धर्म को हम निंदा योग्य क्यों मानते हैं? धर्म मार्गदर्शक भी तो हो सकता है।

**लड़का** : एक अंतर है। निंदा हिंदू धर्म की हुई, जबकि इस्लाम को सराहा गया। पिछले सात-आठ दशकों में हिंदू धर्म को अवैज्ञानिक और अंधविश्वास से घिरा सिद्ध किया गया। भारतीय संस्कृति

का नाम लेने भर से कम्युनिस्ट चढ़ दौड़ते थे। चूँकि साहित्य, संस्कृति और विश्वविद्यालयों में तब तक उनका सुनियोजित कब्जा हो चुका था तो उनका कहा पत्थर की लकीर होने लगा।

**लड़की :** अपने को उदारवादी घोषित करनेवाले कम्युनिस्ट सबसे बड़े असहिष्णु निकले और उन्होंने हर उस विचार को कुचल दिया, जो उनका विरोधी था। यह बहुत आश्चर्य की बात है कि लगातार सामूहिक हत्याकांड करनेवाले नक्सलियों पर कम्युनिस्टों ने हमेशा खामोशी रखी। आज भी देश को सबसे अधिक खतरा शहरी माओवादियों से है, जिन्हें अर्बन नक्सलाइट कहते हैं। नवंबर, 2013 में गृह मंत्रालय ने सुप्रीम कोर्ट में हलफनामा दिया था कि सीपीआई (माओवादी) के फ्रंटल संगठन मानवाधिकार एनजीओ के रूप में सक्रिय हैं और हथियार चलानेवाले नक्सलियों से अधिक खतरनाक हैं। ऐसा भी आरोप है कि इन्हें दूसरे देशों से आर्थिक सहायता मिलती है। साहित्य में कम्युनिस्ट समीक्षकों ने अपने गिरोह बनाए और प्रगतिशीलता के नाम पर लेखक बनाने-बिगाड़ने लगे। हिंदी का सबसे बड़ा नुकसान इन्हीं समीक्षकों ने किया। उन्होंने लाखों में बिकनेवाले गुलशन नंदा और सुरेंद्र मोहन पाठक को लुगदी लेखक घोषित कर दिया। इससे हिंदी लेखन केवल साहित्य-प्रेमियों के बीच रह गया और लोकप्रियता की उपेक्षा हुई। लोकप्रियता और समीक्षा को आमने-सामने कर दिया गया। लोकप्रियता की इतनी उपेक्षा हुई कि ये पुस्तकें घर में छुपाकर पढ़ी जाने लगीं। इस प्रवृत्ति ने हिंदी का बहुत नुकसान किया और वह केवल चंद विमर्शों तक सीमित रह गई।

आज बदलाव आया है। बागवानी, फैशन और वास्तुशिल्प पर पुस्तकें अब हिंदी में भी आने लगी हैं। हालाँकि इनमें काफी अंग्रेजी से अनूदित हैं। यह बात समझने की है कि हिंदी का पाठक आगे पढ़ चुका है और वह डंके की चोट पर पूछ रहा है कि मैं हिंदीभाषी हूँ, पढ़ने का शौकीन हूँ, पर साहित्य में मेरी कोई दिलचस्पी नहीं और इसलिए यह बताओ कि तुम्हारे पास

मेरे लिए क्या है, वह जानना चाहता है कि हिंदी में साहित्य से इतर क्या है? इस प्रश्न पर निरुत्तर रह जाना हमारी बड़ी विफलता है। अब तो फिर भी कुछ मिल जाता है पढ़ने को, लेकिन दस-बारह साल पहले तो बिल्कुल सन्नाटा था।

**लड़का** : बिल्कुल, अंग्रेजी में शेक्सपियर और मिल्टन की अपनी जगह हैं, परंतु इससे फ्रेडरिक फोरसिथ या डैन ब्राउन का महत्त्व कम नहीं हो गया। अंग्रेजी का फिक्शन लेखक महल में रह सकता है, जबकि हिंदी का ऐसा ही लेखक रॉयल्टी के लिए तरसता है और प्रकाशकों का मोहताज रहता है।

**लड़की** : इसी तरह भारत में इतिहास लेखन बहुत विभेदकारी रहा। आर्यों को लेकर भ्रम फैलाया गया। उन्हें बाहर से आया बताकर द्रविड़ों से उनका संघर्ष वर्णित किया गया। मैक्समूलर या अंग्रेजों का आर्य सिद्धांत अब सवालों में है। अंग्रेजों ने तो जो किया, वह फिर भी समझ में आता है, क्योंकि वे विशाल और चेतन भारत को एक राष्ट्र के रूप में देखना ही नहीं चाहते थे, लेकिन कम्युनिस्ट इतिहासकारों ने भी उनका ही अनुसरण किया। इन लोगों ने भारत को हमेशा से टुकड़ों में बँटा हुआ बताया। फिर वे वर्ग हों या जातियाँ। कम्युनिस्टों के कारण वह समय भी आया, जब भारतीय संस्कारों और आचार-विचार की बात करना पिछड़ेपन का प्रमाण माना जाने लगा।

कम्युनिस्टों के इसी षड्यंत्रकारी लेखन ने भारतीय भाषाओं को पिछले पायदान पर पहुँचा दिया। शिक्षा ही व्यक्ति का निर्माण करती है और हर इनसान अपनी मिट्टी और हवा पानी में पलकर विकसित होता है, लेकिन दुर्भाग्य से आज भी भारतीय शिक्षा-प्रणाली अंग्रेजों की बनाई हुई है। यह बहुत बड़ा नुकसान हुआ देश का। कुछ लोग आज बुद्धिजीवियों और मीडिया को बँटा हुआ बताते हैं। यह गलत है। सत्य यह है कि अभी तक समाज ने वह देखा, जो कम्युनिस्ट इतिहासकारों ने दिखाया और अधिकांशतः वह पढ़ा, जो कम्युनिस्ट साहित्यकारों ने रचा। अभी तक साहित्य से लेकर कलाओं और इतिहास तक

सबकुछ एकतरफा था। अब ऐसा नहीं। अब दूसरा पक्ष भी जाग्रत्, सजग, अध्ययनशील और मुखर है। वह अब विरोध कर रहा है तो कम्युनिस्ट बौखला रहे हैं।

**लड़का :** हमारे यहाँ ऐसे बताया जाता है, जैसे मुगलों से बेहतर शासन व्यवस्था कभी देश में रही ही नहीं।

**लड़की :** 1526 में मुगल वंश की स्थापना हुई और यूँ तो 1857 तक मुगल सत्ता दिल्ली में कायम रही, लेकिन व्यावहारिक तौर पर 1707 ई. में औरंगजेब की मृत्यु के साथ ही मुगलों का पराभव आरंभ हो चुका था। 26 वर्षों तक मराठों के साथ चले युद्धों ने मुगलों को भीतर से खोखला कर दिया था। देखा जाए तो मुगलों का प्रभावी शासन 181 वर्ष रहा। इसके विपरीत चोल, पांड्य और मौर्यों का शासन अधिक समय तक रहा। विजयनगर साम्राज्य तो 300 वर्षों से अधिक चला। आधुनिक आकलन है कि मौर्यों का शासन अंग्रेजों, मुगलों और आधुनिक भारत से भी काफी बड़े क्षेत्र में रहा। बच्चों को हमारा यह गौरवशाली इतिहास पढ़ाया जाना चाहिए। दिल्ली सल्तनत और मुगलों से पहले बहुत समृद्ध इतिहास है भारत का।

**लड़का :** यह जो कहा जाता है कि भारत में इतिहास लेखन नहीं रहा, इस पर क्या राय है आपकी?

**लड़की :** मुझे यह बात ठीक नहीं लगती। 'अर्थशास्त्र' में कौटिल्य ने लिखा है कि, 'राजा को नित्य अपना कुछ समय इतिहास का वर्णन सुनने में व्यतीत करना चाहिए।' इसी प्रकार अथर्ववेद, उपनिषदों और ब्राह्मण ग्रंथों में इतिहास को ज्ञान परंपरा माना गया है। हाँ, यह सही है कि हमने यहूदियों की तरह क्रमबद्ध इतिहास नहीं लिखा, पर यह भी सही है कि उनकी तरह हमारा ऐसा उत्पीड़न और शोषण भी नहीं हुआ कि बंद तहखानों में रहते हुए अपने अस्तित्व की रक्षा के लिए हमें अपने समय के बारे में लिखते रहना पड़ता। यह बताना होता कि हमारे साथ कल क्या हुआ था और आज क्या हो रहा।

**लड़का :** अच्छा! यह नई जानकारी है मेरे लिए।

**लड़की :** एक बात समझिए। हमारा इतिहास ज्ञान, लेखन और बोध सबकुछ मार्क्स और हेगल का मारा है। दोनों का भारत संबंधी ज्ञान अनुवाद–आधारित था और यह मानकर चलता था कि भारतीय दर्शन पश्चिम से पीछे है। मार्क्स ने तो भारत को पराजयों का वृत्तांत कहा था। उसने कहा था, भारत का तो अपना कोई इतिहास है ही नहीं। इसलिए पहले अंग्रेज और फिर मार्क्स के मानस पुत्रों द्वारा लिखा गया भारत का इतिहास भारत की अपनी मौलिक चीजों का अनादर करता है, फिर चाहे वह यहाँ की समृद्ध ऋषि परंपरा हो या लोकतांत्रिक प्रथाएँ। मार्क्सवादियों ने अपनी कलम पर आक्रांता का चश्मा चढ़ा दिया। पश्चिम का विद्वान् पूर्व के भारत को अपने से श्रेष्ठ मानने के लिए तैयार नहीं था। पुरानी सभ्यता और संस्कृति को कुचले बिना, उसे नष्ट किए बिना नए आनेवालों की सांस्कृतिक स्थापना नहीं हो सकती थी। विदेशी यात्री, व्यापारी और आक्रांता भारत आकर विस्मित होते। इसीलिए भारत की उपेक्षा करने का षड्यंत्र रचा गया। विदेशी यहाँ आए, हमारी भाषाएँ सीखीं, बड़े श्रम से उनका अनुवाद किया, पर यह सब करते हुए उनके मन में ईसाई धर्म के प्रचार की भावना प्रबल रही। उनका उद्देश्य धर्मांतरण था और भारत में रहते हुए वे यह समझ चुके थे कि यहाँ के लोगों की आस्था को समूल नष्ट किए बिना उन्हें सफलता नहीं मिलनेवाली। मैकाले, मैक्समूलर, जेम्स मिल, जॉन मैल्कम जैसे कितने ही लोग थे, जिन्होंने भारत को देश नहीं उपमहाद्वीप कहा, कभी उसके इतिहास को हिंदू–मुसलमान में बाँटा और कभी मराठा और सिख में परिभाषित कर दिया। हमारे धार्मिक प्रतीकों और विभूतियों को मिथक माना गया। भारत को जातियों में व्याख्यायित करने का षड्यंत्र भी तभी का है।

**लड़का :** यदि राम काल्पनिक हैं तो उनसे जुड़े इतने सारे स्थल कहाँ से आ गए? उत्तर से दक्षिण और पूरब से पश्चिम कहीं भी चले जाइए, राम और कृष्ण से जुड़ी कोई–न–कोई बात या स्थल आपको दिख ही जाएँगे।

**लड़की** : न केवल स्थल, बल्कि कितनी ही परंपराओं में आपको ये मिलेंगे। लोक झूठ नहीं होता। यदि लोक अपने पुत्र का नाम विभीषण नहीं रखता तो उसके पीछे कोई कारण है। यदि लोक अपने पुत्र का नाम राम रखकर प्रसन्न होता है तो उसके पीछे भी कोई कारण है। प्रह्लाद ईश्वर भक्त तो हैं, पर नचिकेता या ध्रुव की तरह सम्मानित नहीं हैं। उन्हें पितृहंता ही कहा जाता है।

**लड़का** : अभी आपने जातियों की अच्छी कही। मैं एक पुराना प्रसंग सुनाता हूँ। बेशक, जाति हमारे समाज का दंश हैं, परंतु बहुत सारी अच्छी बातें भी हैं, जो कम्युनिस्ट प्रभाव में उपेक्षित रह गईं।

**लड़की** : प्रसंग क्या है ?

**लड़का** : महाभारत काल की घटना है। एक बार नैमिषारण्य में बड़ा यज्ञ करने का निश्चय हुआ। हजारों ऋषि एकत्र हुए। प्रश्न उठा कि व्यास गद्दी पर कौन बैठेगा ? महर्षि शौनक के निरीक्षण में यज्ञ होना था तो उन्होंने व्यवस्था दी कि रोमहर्षण ऋषि व्यास गद्दी पर बैठेंगे। रोमहर्षण सूतपुत्र थे तो कुछ ऋषियों ने शंका उठाई। शौनक ऋषि ने पूछा, 'आप लोगों में और यहाँ जमा ऋषियों में पुराणों का सबसे अच्छा ज्ञाता कौन है ?' उत्तर आया, 'रोमहर्षण।' शौनक मुनि ने कहा, 'यही मेरा उत्तर है।' सभी ऋषि शांत हो गए और रोमहर्षण व्यास गद्दी पर विराजे। उसी समय महाभारत का युद्ध होनेवाला था और बलराम उससे अलग रहने का निश्चय करके तीर्थाटन पर निकले थे। घूमते-घूमते वह नैमिषारण्य जा पहुँचे। यज्ञ हो रहा था, पर उन्हें आया देख सारे ऋषि उठकर खड़े हो गए। बस, रोमहर्षण नहीं उठे। सदा के क्रोधी बलराम को यह बात बुरी लगी और विवाद बढ़ा तो उन्होंने रोमहर्षण की हत्या कर दी। उसी समय शौनक वहाँ पहुँचे और यह दृश्य देख व्यथित हो उठे। उन्होंने बलराम से कहा कि आपने ब्रह्महत्या की है। बलराम ने आपत्ति की कि सूतपुत्र की हत्या ब्रह्महत्या भला कैसे हुई ? शौनक ऋषि ने उन्हें बताया कि जाति चाहे जो हो, व्यास गद्दी पर बैठनेवाला हर व्यक्ति ब्राह्मण है और रोमहर्षण के निधन से पुराण का ज्ञान

ही लुप्त हो जाएगा। अब बलराम पश्चात्ताप करने लगे। अन्य दु:खी ऋषियों ने भी उपाय पूछा तो महर्षि शौनक ने रोमहर्षण के पुत्र उग्रश्रवा को बुलाकर कहा कि यह भी पुराणों का ज्ञानी है और इसे सम्मानित करो। इसके बाद उन्होंने उग्रश्रवा को व्यास गद्दी पर बिठा दिया। इस प्रकार, ऋषि शौनक ने उस समय के संत समाज को जाति की व्यर्थता का संदेश दे दिया।

**लड़की** : बड़ी रोचक कथा है।

**लड़का** : रोचक तो जो है, सो है, पर यह भी देखें कि सूतपुत्र व्यास गद्दी पर बैठा और जब उसके साथ अत्याचार हुआ तो ब्राह्मणों ने बलशाली राजा का पक्ष नहीं लिया। बलराम तो राजाओं के राजा थे। पहले रोमहर्षण और फिर उनके पुत्र को व्यास गद्दी पर बैठाना इस बात का सूचक है कि योग्यता का सम्मान होता था और जाति उसमें बाधक नहीं होने दी जाती थी।

**लड़की** : ठीक कहते हैं, पर कम्युनिस्ट इसे भला क्यों मानने लगे।

**लड़का** : यदि वे एकलव्य और कर्ण की कथा को मानते हैं तो उन्हें इसे भी मानना होगा। अच्छा यह बताएँ, कम्युनिस्ट या अंग्रेज इतिहासकारों ने ऐसा किया क्यों, क्यों उन्होंने अकबर और अशोक को अधिक माना?

**लड़की** : आपको क्या लगता है?

**लड़का** : आप कहें।

**लड़की** : क्यों, आप क्या डरते हैं?

**लड़का** : फिर आप गलत दिशा में गईं। आप बताएँ तो।

**लड़की** : राजनीतिक कारणों से।

**लड़का** : मतलब ?

**लड़की** : एक मुसलमान था और दूसरा बौद्ध। इनके अलावा कोई और राजा इन इतिहासकारों की दृष्टि में श्रेष्ठ है तो वह है—हर्षवर्धन। वह भी बाद में बौद्ध हो गया था। यही कारण है कि समुद्रगुप्त इन्हें पसंद नहीं आता, क्योंकि गुप्तकाल में सनातन धर्म की पुनर्स्थापना हो रही थी। वह वैदिक धर्म के माननेवाले थे। एच.जी. वेल्स की प्रसिद्ध पुस्तक है, 'शॉर्ट हिस्ट्री ऑफ द

वर्ल्ड'। भारत के नाम पर इस पुस्तक में भी चर्चा बुद्ध से आरंभ होती है। बुद्ध के पहले भारत कैसा था और क्या था, इसका कोई उल्लेख नहीं। वेल्स और दूसरे इतिहासकार भी इतना तो मानते हैं कि आर्यों से पहले यहाँ द्रविड़ रहते थे। तो वे द्रविड़ कैसे थे, उनका रहन-सहन, कृषि और आचार-विचार कैसा था? हमारे इतिहास में दक्षिण भारत की उपेक्षा का एक बड़ा कारण उन राजाओं का हिंदू होना है। इस्लाम का प्रभाव वहाँ उत्तर की तुलना में कम था। इसीलिए दक्षिण भारत आज भी उत्तर से अधिक पारंपरिक और शुद्धतावादी है।

**लड़का** : बात में तो दम है आपकी। एक विवाह में मैं दिल्ली गया था। वधू पक्ष उत्तर भारतीय था, जबकि वर दक्षिण का। शादी दक्षिण भारतीय मंदिर में हुई और जनवरी की कड़ाकेदार सर्दी में जब लड़की की तरफवाले कपड़ों की तहें जमाने के बाद भी काँप रहे थे, लड़का केवल एक धोती पहने था। मैंने यह बात इसलिए भी नोट की, क्योंकि दक्षिण भारत में सर्दी नहीं पड़ती। लड़का सर्दी का अभ्यस्त नहीं था, फिर भी उसने पूरी शादी केवल एक धोती में की। विवाह के बाद मंदिर में ही जलपान था और सारे लोग इडली-सांभर और डोसा खाकर सुबह दस बजे तक अपने घर लौट चुके थे। कोई आडंबर नहीं, दक्षिणा के लिए पंडितों का विवाद नहीं। सबका ध्यान केवल मंत्रोच्चारण पर था।

**लड़की** : यह हमें सीखना चाहिए। आपने के.के. मुहम्मद की पुस्तक 'मैं हूँ भारतीय' पढ़ी है?

**लड़का** : नहीं! विषय क्या है?

**लड़की** : ठहरें, मैं पुस्तक ले आती हूँ।

लड़का प्रतीक्षा करता है। लड़की ने फोन काटा नहीं है। वह उसे कान से लगाए लगाए, अलमारी से पुस्तक निकालती है। उधर, लड़का भी फोन कान से चिपकाए है। लड़की पुस्तक पलटती है और जब वाँछित पेज मिल जाता है तो पढ़ना आरंभ करती है।

**लड़की** : के.के. मुहम्मद पुरातत्त्वविद् हैं। उन्होंने अयोध्या में राम जन्मभूमि

के बारे में लिखा है कि वहाँ मस्जिद के नीचे मंदिर होने के प्रमाण हैं। वह 1976 में जन्मभूमि गए थे और वहाँ उन्होंने ऐसे 14 स्तंभ देखे, जिनके नीचे के भाग में पूर्ण कलश बने थे। स्तंभ ब्लैक बसाल्ट नामक पत्थरों से बने थे। पुस्तक कहती है, ऐसे कई और प्रमाण मिले, जिनसे वहाँ मंदिर सिद्ध हो रहा था।

**लड़का** : तब फिर दिक्कत क्या है? यदि इतने साफ प्रमाण हैं तो फिर विवाद ही समाप्त हो जाना चाहिए।

**लड़की** : अभी आगे भी सुनिए। इस पुस्तक के अनुसार, बीच में आ कूदे कम्युनिस्ट इतिहासकार इरफान हबीब, जेएनयू की रोमिला थापर, के.एस. गोपाल और विपिन चंद्रा। इनका साथ दिया आर.एस. शर्मा, अनवर अली और डी.एन. झा ने। इन लोगों ने रामजन्म भूमि को बौद्ध व जैन केंद्र बताया। खास बात यह कि ये लोग इतिहासकार थे, पुरातत्त्व विशेषज्ञ नहीं थे, लेकिन तब की सरकारों और शैक्षिक जगत् पर अपने प्रभाव के कारण झूठ को सच साबित करने में जुट गए। इसी पुस्तक में आगे लिखा है कि बाबरी मस्जिद तोड़े जाने के बाद वहाँ से एक अवशेष मिला, जिस पर लिखा था—विष्णु हरिशिला पटल। इस पटल पर 11वीं और 12वीं सदी में प्रचलित नागरी लिपि में साफ-साफ लिखा है कि यह मंदिर बाली और दस हाथोंवाले को मारनेवाले विष्णु को समर्पित किया जाता है। इतने स्पष्ट प्रमाण की उपेक्षा जानबूझकर की गई। इसे मान लिया गया होता तो यह विवाद नाहक तूल न लेने पाता।

**लड़का** : ठीक कह रही हैं आप। राम और कृष्ण के बारे में क्या विचार हैं आपके?

**लड़की** : अरे! विचार की क्या बात। दो भिन्न कालों में उन्होंने मानवता के लिए अवतार लिया। पश्चिम के इतिहासकारों का भारत के प्रति पूर्वाग्रह समझने के लिए यह भी जान लेना चाहिए कि बाइबिल में माना गया है कि ईसा से 4004 वर्ष पूर्व सृष्टि रची गई थी। बहुत समय तक पश्चिम के विद्वान् इस तारीख से पहले की कोई भी घटना मानने के इच्छुक नहीं रहे। उनकी

यही धारणा दीर्घ अवधि तक रही। इसलिए उन्होंने भारत की बहुत सारी बातों को मिथक माना। अब तो फिर भी तकनीक के कारण महाभारत और राम-रावण युद्ध की तिथियाँ चर्चा में आने लगी हैं। राम और कृष्ण के अवतार की बात छोड़ें और केवल यह सोचें कि उनका मानव जीवन क्या सिखाता है? उन्होंने साधारण मनुष्यों की तरह जीवन जिया। आम लोगों की तरह संघर्ष किया और अपने जीवन को सबके लिए शिक्षा बनाकर दिखा दिया। यह हमारी परंपरा का कमाल है कि उसने एक को मर्यादा का प्रतीक बना दिया और दूसरे को लीला का। एक भक्ति सृजन का कारण बनता है और दूसरे में किसी को भी दीवाना बना लेने की अपूर्व प्रतिभा है। ध्यान से देखें तो दोनों ही हमारे मन को तुष्ट-पुष्ट करते हैं। दोनों ने साधारण लोगों के बीच रहकर संघर्ष किया। दोनों का जीवन आदर्श है, पर इन्हें भी घेरा गया। उनके जीवन की छोटी-छोटी बातों को संदर्भ से काटकर परोसा गया और इसीलिए मैं कहती हूँ कि इस देश के सबसे बड़े शत्रु कम्युनिस्ट इतिहासकार और साहित्यकार हैं।

**लड़का** : वे उपेक्षा न करते तो अपनी विदेशी विचारधारा थोपते कैसे?

**लड़की** : सच यह है कि कम्युनिस्ट आंदोलन जहाँ से शुरू हुआ, वहाँ से आगे चलकर रास्ता भटक गया। किसानों, कामगारों और छात्रों के लिए कम्युनिस्टों की चिंता ठीक थी। उन्होंने कुछ सही मुद्दे भी उठाए, लेकिन फिर वे भटक गए। एक समय ऐसा भी आया, जब कम्युनिस्ट वैचारिकी इस्लाम के पक्ष में खड़ी हो गई, जबकि बड़ी सरलतापूर्वक उसकी कट्टरता की तरफ से आँखें मूँद लीं। इससे उलट वह हिंदुओं को कूढ़मगज साबित करने में लग गई। यही वह बिंदु है जिसने भारत की राजनीति में जहर घोला और प्रतिक्रिया पैदा की।

**लड़का** : इसीलिए कम्युनिस्ट अकादमिक बहस में तो रह गया, लेकिन उसने जमीन छोड़ दी। जिस आम आदमी की वकालत का वह दम भरता है, वही उससे दूर चला गया। किताबी बातें कब तक चलेंगी।

**लड़की** : फिर ऊपर से कम्युनिस्ट हिंसा। केरल या उत्तर पूर्व हो या पश्चिम बंगाल और या फिर नक्सली, कम्युनिज्म अराजक दिखने लगा। कम्युनिज्म धर्मों में भेद न करता, गलत को गलत और सही को सही कहने की हिम्मत दिखाता और भारतीय प्रतीकों का सम्मान व उन पर विश्वास करता तो आज सफल होता।

**लड़का** : कम्युनिज्म ने बहुत भटकाया देश को।

**लड़की** : मैं भक्तिकाल, विशेषकर गोस्वामी तुलसीदास का नाम लेना चाहूँगी। इन कवियों ने समाज में धर्म का वह सरस गायन किया कि शोषित, उत्पीड़ित आम जन भावुक होकर उनके साथ बह निकले। मैं यह सोचकर भी सिहर उठती हूँ कि यदि तुलसी की रामकथा न होती तो समाज की दिशा क्या रही होती ? रामकथा और उसके मंचन ने पाँच सौ वर्ष पूर्व संस्कृति को उसका बहुप्रतीक्षित ईंधन सुलभ करा दिया। लोगों को आसरा मिल गया। कहीं कोई आशा की किरण उन्हें दिखने लगी। रामकथा ने सताए गए और सताए जा रहे हिंदुओं को भरोसा दिया। तुलसी का यह योगदान अविस्मरणीय है।

**लड़का** : तुलसी को ऐसे पहले नहीं देखा था मैंने।

**लड़की** : कम्युनिस्ट दादागिरी का एक और उदाहरण देती हूँ आपको। कुछ समय पहले मैंने कहीं प्रसिद्ध साहित्यकार सुधीश पचौरी का एक लेख पढ़ा था। उन्होंने राहुल सांकृत्यायन का संदर्भ देकर लिखा था कि कैसे उन्हें कम्युनिस्ट पार्टी छोड़नी पड़ी थी।

**लड़का** : राहुलजी को कम्युनिस्ट पार्टी छोड़नी पड़ी थी? अच्छा! मुझे नहीं पता।

**लड़की** : मैंने पहले कभी सुना तो था, लेकिन पूरी जानकारी सुधीशजी के लेख से ही मिली। उन्होंने लिखा कि गुणाकर मुले की पुस्तक 'महापंडित राहुल सांकृत्यायन' में यह कहानी दर्ज है। बाद में, यह पुस्तक मैंने खरीद भी ली। आप पढ़ना चाहेंगे तो भेज दूँगी। सॉफ्ट कॉपी भी है मेरे पास। पुस्तक के अनुसार, यह घटना दिसंबर 1947 की है। राहुलजी को हिंदी साहित्य सम्मेलन का सभापति चुना गया था। सम्मेलन का अधिवेशन बंबई में होना

था, जहाँ राहुलजी बतौर सभापति अपना भाषण तैयार करके ले गए थे। चूँकि राहुलजी कम्युनिस्ट पार्टी के सदस्य भी थे तो बंबई में पार्टी के दफ्तर भी गए। वहाँ उनका छपा हुआ भाषण पहले ही पढ़ा जा चुका था। पार्टी पदाधिकारियों ने राहुलजी से भाषण का यह अंश निकालने के लिए कहा, लेकिन वे नहीं माने। अब यह नहीं पता चलता कि उन्हें निकाला गया या असहमति बहुत बढ़ जाने पर उन्होंने खुद ही पार्टी छोड़ दी। यह अलगाव 1955 में खत्म हुआ, जब राहुलजी दोबारा कम्युनिस्ट पार्टी के सदस्य बने। कम्युनिस्टों की दृष्टि में राहुलजी ने दो अपराध किए। एक तो उन्होंने यह लिख दिया था कि देश की भाषा और लिपि हिंदी ही होनी चाहिए, क्योंकि उर्दू भाषा और लिपि के लिए अब कोई जगह नहीं बची है। दूसरी बात राहुलजी ने यह लिखी थी कि इस्लाम को भारतीय बनना चाहिए। उनकी मान्यता थी कि इस्लाम ने सदियों तक भारतीयता से विरोध किया, लेकिन नए भारत में अब इस विरोध की कोई जगह नहीं। उन्होंने यहाँ तक कहा कि जब ईसाई, पारसियों और बौद्धों को भारतीयता से ऐतराज नहीं है तो फिर इस्लाम को ही क्या कठिनाई है? राहुलजी ने कहा था कि ऐसा करने से इस्लाम भी फले-फूलेगा और जब सोवियत संघ, तुर्की और ईरान में इस्लाम ने वहाँ की वेशभूषा, इतिहास, साहित्य और विचारों के साथ समझौता कर लिया या उन्हें अपना लिया तो उसे ऐसा ही भारत में भी करना चाहिए। ये दोनों बातें कम्युनिस्टों के एजेंडे के खिलाफ जाती थीं।

**लड़का** : नई जानकारी मिली आपसे। वैसे राहुलजी ने किसी को नहीं बख्शा। यह पढ़कर कुछ लोग खुश हो सकते हैं, परंतु सच तो यह है कि राहुलजी की लाठी हिंदू कर्मकांडों और कुरीतियों पर भी बहुत ठीक से बजी।

**लड़की** : जी हाँ। ऐसा ही होना भी चाहिए। राहुलजी की घटना ऐसे बहुत सारे उदाहरणों में एक है कि कैसे कम्युनिस्ट अपने एजेंडे से विपरीत स्वर नहीं पचा नहीं पाते। घोर असहिष्णु होते हैं वे। जो भी धर्मांध है, उसका विरोध हो, पर भारतीय कम्युनिस्ट

बुद्धिजीवियों ने यही तो नहीं किया। वे तो तराजू के एक पलड़े पर बैठ गए। न केवल एक पलड़े पर बैठे, बल्कि दूसरी तरफ का पलड़ा जानबूझकर झुकाते भी रहे। यही बात मैं कलाओं के संदर्भ में कहूँगी। कलाकार को अभिव्यक्ति की पूरी स्वतंत्रता मिलनी ही चाहिए। उसे यह आजादी नहीं होगी तो उसका रचनाकर्म प्रभावित होगा। मैं मकबूल फिदा हुसैन की कृतियों की प्रशंसिका हूँ। उन्होंने हिंदू देवियों के जो चित्र बनाए, मैं उन्हें केवल कला की दृष्टि से देखती हूँ, लेकिन जब दूसरा पक्ष यह कहता है कि अभिव्यक्ति की यही स्वतंत्रता फातिमा और वर्जिन मेरी के चित्र बनाने में भी मिलनी चाहिए तो सोचना पड़ता है। अभिव्यक्ति की स्वतंत्रता किसी एक का अधिकार नहीं हो सकती। यह स्वतंत्रता सबको बराबर से मिलनी चाहिए। यहीं पर मुझे उन कथित बुद्धिजीवियों से शिकायत हो जाती है, जो दोनों में, हिंदू-मुसलमान में भेद करते हैं। कठिनाई यह है कि कम्युनिस्ट बुद्धिजीवियों ने समाज को इतना दूषित कर दिया है कि सही बात भी अब गलत लगने लगी है। इतने वर्षों में इतनी अधिक पीढ़ियाँ कम्युनिस्टों का लिखा इतिहास पढ़कर बड़ी हो चुकी हैं कि वे अब उसी को सही मानती हैं। लोग बौद्धिक दिखने के लिए भारतीयता की बुराई करते हैं। राम काल्पनिक हैं, भारत में विज्ञान कभी था नहीं, जैसे झूठ इतने भीतर तक लोगों के मन में पैठ चुके हैं कि इनकी चर्चा को सीधे पोंगापंथ से जोड़ दिया जाता है। यही लोग हैं, जिन्होंने हिंदुओं को आतंकवादी घोषित करने का बड़ा षड्यंत्र किया।

**लड़का :** एक और बुराई है अपने यहाँ। अनेक बार साधु संन्यासी कहते मिल जाते हैं कि वे फूँक मारकर अमुक बीमारी ठीक कर देंगे। चमत्कार का यह दावा आपको अतिरंजित या अवैज्ञानिक नहीं लगता?

**लड़की :** है ही अतार्किक। बिल्कुल है। हालाँकि यह प्रवृत्ति आई कहाँ से इस पर आपको थोड़ा शोध करना चाहिए।

**लड़का :** मतलब?

**लड़की :** जहाँ तक मैंने पढ़ा है या मेरी जानकारी कहती है, सनातन संस्कृति में ऐसी चमत्कारिक अतिश्योक्तियों की कोई जगह नहीं थी। यह ईसाई मिशनरियों द्वारा लाई गई बीमारी है। सुदूर और निर्धन क्षेत्रों और घने जंगलों में मिशनरियों ने धर्मांतरण की जो मुहिम चलाई, उसमें ऐसे चमत्कारों का आसरा उन्हें लेना ही था। यह रोग वहाँ से हमारे यहाँ पहुँचा और अब इसे दूर कर पाना कठिन हो रहा।

**लड़का :** ...और लड़कियों के पब में बैठने का विरोध करनेवाले, वैलेंटाइन डे पर युवाओं पर हमला करनेवाले और खाप पंचायतों के रूढ़िवादी समस्या को और बढ़ाते हैं।

**लड़की :** सही बात। मेरे और आप जैसे लोग भी हैं, जो कम्युनिस्टों का विरोध करते हैं, लेकिन जो हिंदुओं की कुरीतियों के भी उतने ही बड़े विरोधी हैं। कोई लड़की यदि किसी बार में बैठकर शराब पीना चाहती है तो यह उसका अधिकार है। उसका शराब पीना उसका उतना ही निजी और पारिवारिक विषय है, जितना किसी लड़के का। मॉरल पुलिस के ठेकेदार शत्रु हैं समाज के। इनका दमन होना चाहिए। हिंदू हो या मुसलमान, यदि वह अपनी लड़की की उपेक्षा करता है और उसे दोयम दर्जा देता है तो उसकी निंदा की जानी चाहिए। कानून का डंडा ऐसे लोगों पर इतनी जोर से चलना चाहिए कि फिर कभी कोई पंचायत लड़की की अवमानना न कर सके।

**लड़का :** मैं आपकी ही बात को किसी और तरह से कहता हूँ। यह बताएँ आपका प्रिय लेखक कौन है ?

**लड़की :** कई हैं। फणीश्वरनाथ रेणु, राजेंद्र सिंह बेदी, श्रीलाल शुक्ल, मनोहर श्याम जोशी, राही मासूम रजा, इस्मत चुगताई, मंटो, प्रेमचंद, प्रसाद, बहुत सारे हैं। कवियों-शायरों में पंत, महादेवी, कैफी आजमी, साहिर बहुत से नाम हैं। क्यों पूछ रहे हैं आप ?

**लड़का :** अरे वाह ! आप तो मेरी ही पसंद बता रही हैं। यही मैं कहना चाह रहा कि कलम का सम्मान और विचारधारा का समर्थन दो अलग-अलग बातें हैं। कोई आवश्यक नहीं कि आप कैफी

आजमी की विचारधारा को सराहें, पर उनकी शायरी की फैन तो हो ही सकती हैं। आपकी तरह मैं भी इन लेखकों का प्रशंसक हूँ।

**लड़की :** आपने अभी मेरी मनपसंद पुस्तकों की बात की। यूँ तो बहुत हैं, लेकिन अभी दो का नाम लेना चाहती हूँ। अंग्रेजी में एक पुस्तक है—एक्सोडस-Exodus और हिंदी में एक कतरा खून। पहली के लेखक लियोन यूरिस हैं और दूसरी की इस्मत चुगताई। इजरायल का जन्म कैसे हुआ और यहूदियों के शोषण की कथा कहाँ से आती है, यह जानना है तो EXODUS पढ़ें। इसी प्रकार, कर्बला की कहानी समझनी हो तो एक कतरा खून पढ़नी चाहिए। मैं दोनों को पढ़कर भावुक हो गई।

**लड़का :** कर्बला पर तो प्रेमचंद ने भी लिखा है, शायद।

**लड़की :** हाँ, कर्बला नाम से उनकी पुस्तक है, पर एक कतरा खून बहुत कमाल है। रेत के समंदर में प्यासों पर अत्याचार का ऐसा दूसरा उदाहरण नहीं मिलता। दो और पुस्तकों का उल्लेख मैं कर रही हूँ। राष्ट्रीय स्वयंसेवक संघ के हो.वे. शेषाद्रि की ⋯और देश बँट गया। यह अंग्रेजी में लिखी उनकी पुस्तक 'ट्रैजिक स्टोरी ऑफ पार्टीशन' का हिंदी अनुवाद है। दूसरी है, डोमिनिक लेपियर और लैरी कॉलिंस की 'फ्रीडम एट मिडनाइट'।

**लड़का :** ये तो पढ़ी हैं, लेकिन ⋯और देश बँट गया, नहीं।

**लड़की :** दोनों पढ़ें और बार-बार पढ़ें। आजादी की लड़ाई की कई अनकही कहानियाँ मिलेंगी जानने को।

**लड़का :** मैं हर उस बात का समर्थक हूँ, जो तार्किक है और वैज्ञानिक कसौटी पर खरी उतरती है। मैं हिंदुओं के बहुत सी रीति-रिवाजों को इसी श्रेणी में रखता हूँ। तुलसी की पूजा इन्हीं में एक है।

**लड़की :** मैं कर्मकांडी नहीं। मैं तो प्रतिदिन पूजा भी नहीं करती। कर्मकांडी होना और धर्म को अध्यात्म स्वरूप में देखना दो अलग बातें हैं, लेकिन यह भी सही है कि सत्तर, अस्सी सालों का जहर दो-चार दिन और दस-बीस सेमिनारों से नहीं उतरनेवाला। इसके लिए सरकार को दृढ इच्छाशक्ति दिखाते हुए शिक्षा व

संस्कृति नीति में व्यापक परिवर्तन करने होंगे। जब हम यह मान रहे हैं कि कई पीढ़ियाँ भ्रामक पाठ्यक्रम पढ़कर गलत धारणाएँ बना चुकी हैं तो बदलाव भी नीचे से करना होगा। चूँकि प्रसंग छिड़ा है, इसलिए एक बात और कहना चाहूँगी। कई बार लोग कहते मिल जाएँगे—इंडिया दैट इज भारत। भूल है यह भाव। कम्युनिस्टों ने यह साबित करने की कोशिश की कि भारत 1947 में आकर राष्ट्र बना। उसके पहले के सभी सिद्धांतों को उन्होंने रद्द कर दिया।

हमें इस दास्य भाव से बाहर आना होगा। ऋग्वेद जैसा प्राचीनतम ग्रंथ क्या इंडिया में लिखा गया था, जंबूद्वीपे भरतखंडे है या जंबूद्वीपे इंडियाखंडे, व्यास ने महा इंडिया लिखी या महाभारत? ऋग्वेद में स्पष्ट उल्लेख है कि भरत नामक जन के राजा सुदास का अन्य जन की सामूहिक सेना से बड़ा युद्ध हुआ, जिसमें सुदास की विजय हुई। यह दस राजाओं का युद्ध (दाशराज्ञ युद्ध) कहलाता है। इसी भरत जन के नाम पर आगे चलकर भारत बना। गहरे षड्यंत्र हुए। यह सिद्ध करने का प्रयास है कि भारत में जो भी अच्छा है, वह यहाँ इस्लाम के आने के बाद से है या विश्व में जो कुछ भी अच्छा है, वह ईसा मसीह के पैदा होने की तारीख के बाद से है। उसके पहले देखना हो तो पाश्चात्य विद्वान् रोमन साम्राज्य देखते हैं या फिर इजिप्ट की तरफ। पर्शिया और मेसोपोटामिया से पूरब की ओर जाने में उन्हें समस्या होने लगती है। यह स्थिति सुधरेगी तभी जब हमारे भीतर स्वाभिमान जागेगा। तब हम शोध करेंगे और तर्क रखेंगे। तब हम अपने से संबंधित हर बात के लिए पश्चिम का मुँह नहीं देखेंगे। शेरशाह सूरी का नाम ग्रांड ट्रंक रोड के लिए सम्मानपूर्वक लिया जाना चाहिए, लेकिन उस उत्तरापथ के बारे में भी बताया जाना चाहिए, जो गांधार और उसके आगे से भी पंजाब होते हुए मगध तक आता था और जिसका उल्लेख महाभारत में मिलता है। ईसा से करीब सौ साल पहले गांधार पहुँचा कि चीनी यात्री चियांग कीन यह देखकर चकित रह गया

कि उसके देश के कपड़े और बाँस गांधार में बिक रहे थे। यह व्यापार उत्तरापथ से ही होता था। इसी प्रकार, दक्षिणापथ भी था पर इनके बारे में कौन बताएगा नई पीढ़ी को?

**लड़का** : इस काम में बहुत समय लगेगा, बहुत विरोध होगा और बहुत तरह की बातें की जाएँगी, लेकिन बदलाव करनेवालों को डटे रहना होगा, पर यह भी बताएँ कि अभी आपने यह जो 'जन' कहा तो 'जन' कौन थे?

**लड़की** : प्राचीन काल में जनता के समूह को जन कहते थे। ये छोटे-बड़े कई आकार के होते। इनमें वर्चस्व की लड़ाई बहुत आम बात थी। यह जो आपने विरोध की बात कही तो यही कहूँगी कि यह एक प्रकार का यज्ञ होगा, जिसमें कर्ता को संकल्प लेना होगा। यह काम कोई दो-चार बरस का नहीं है। हम आज से जुटें तो कहीं 2035 तक जाकर शुद्धीकरण कर पाएँगे। मैं तो धन्यवाद देती हूँ आदि गुरु शंकराचार्य को, जिनके कारण आज भारत एक है। आज से लगभग बारह सौ वर्ष पूर्व देश के चार कोनों में चार पीठों की स्थापना की कल्पना ही अद्‍भुत है। चारों पीठों का मुख्य पुजारी पद दूसरे क्षेत्र के विद्वान् को देने के पीछे की सोच राष्ट्रीय एकता की है। इतना सब करना, सारे देश में घूमना, बड़े-बड़े विद्वानों से शास्त्रार्थ करना, महाभारत, गीता और उपनिषदों पर भाष्य लिखना, शिव, देवी और विष्णु स्रोतों की रचना करना और यह सब केवल 32 वर्ष की अल्पायु में कर देना किसी महामानव का ही काम था। चारों पीठों की राष्ट्रीय एकता में बड़ी भूमिका है और इसलिए मैं तो आदि गुरु को भारत का सबसे बड़ा ऋषि मानती हूँ। वह समय से बहुत आगे देख सके। कम्युनिस्टों ने ऐसा माहौल बना दिया है, जिसमें अपने को प्रगतिशील कहलाने की इच्छा में लोग केवल हिंदुत्व में खामियाँ देखने लगे। खामियाँ बिल्कुल देखी जानी चाहिए, क्योंकि सुधार के लिए कमियों की पहचान करनी ही होती है, पर यह एकतरफा नहीं होनी चाहिए। कम्युनिज्म मुसलमानों को रास आया, क्योंकि इसका साथ देते हुए हिंदू

धर्म को अफीम घोषित किया जा सकता था। इस्लाम या ईसाई धर्मों पर कभी बात ही नहीं हुई। सारे बुद्धिजीवी हिंदुत्व पर बातें करने लगे। प्रगतिशीलता तब होती, जब हर धर्म की बुराइयों पर बात होती और सबकी अच्छाइयों को मिलाकर एक बेहतर समाज की रचना का प्रयास होता। अहिल्याबाई के लिए कहा जाता है कि उन्होंने केवल काशी के आस-पास और काशी में 300 से अधिक मंदिरों का जीर्णोद्धार कराया। यह न देखें, यह देखें कि ये 300 मंदिर तोड़े क्यों गए और किसने तोड़े।

**लड़का :** भारत यदि लोकतंत्र है तो सनातन धर्म के कारण। यदि यहाँ अल्पसंख्यकों को असीमित अधिकार मिले हुए हैं तो बहुसंख्यकों के कारण। बहुत आश्चर्य की बात है कि भारत के कम्युनिस्ट बुद्धिजीवी अरब देशों की तरफ देखना ही नहीं चाहते जहाँ लोकतंत्र नहीं। हालाँकि संतोष की बात यह है कि आम लोग अब इस बारे में बातें करने लगे हैं।

**लड़की :** बातों से कुछ नहीं होगा। बातों से माहौल बनता है, लेकिन अब ठोस काम करने का समय है। ऐसा पाठ्यक्रम होना चाहिए, जिसमें साहिर की नज्मों पर भी शोध हो और भरत मुनि का नाट्यशास्त्र भी उतने ही सम्मान से पढ़ाया जाए। जो कुछ अच्छा हो, हम उसे ग्रहण करें, यह नहीं कि एक ही विचारधारा का प्रतिनिधित्व सब तरफ हो। जहाँ से जो अच्छा मिले, वह बच्चों को पढ़ाया जाना चाहिए। हाँ, इसमें भारतीयता का स्वर केंद्रीय और प्रधान होगा। कोई किसी जाति, किसी धर्म का हो, भारतीयता पर अभिमान उसे सिखाना होगा। वह अभिमान, जो कम्युनिस्टों ने बहुत षड्यंत्र करके मार दिया। इसीलिए हमारी भाषाओं का अहित हुआ।

**लड़का :** मेरी तो राय है कि हर उत्तर भारतीय बच्चे के लिए एक दक्षिण भारतीय भाषा अनिवार्य कर देनी चाहिए। इसी प्रकार, दक्षिण में कोई एक उत्तर भारतीय भाषा अनिवार्य हो। इससे दक्षिण की शिकायत भी दूर हो सकेगी। उन्हें लगता है, हिंदी उन पर थोपी जा रही है, क्योंकि उनसे तो हिंदी सीखने की अपेक्षा की जाती

है, पर हिंदी भाषियों पर दक्षिण भारतीय भाषाएँ सीखने का कोई दबाव नहीं होता।

**लड़की :** ठीक कहते हैं आप। इधर मेरा ध्यान नहीं गया था, पर सहमत हूँ आपसे। हालाँकि इसमें एक खतरा यह है कि हम लोगों को दक्षिणपंथी घोषित कर दिया जाएगा।

**लड़का :** यह एक और भ्रम फैलाया कम्युनिस्टों ने। सच यह है, जिसने कम्युनिस्टों को नहीं माना, उसे दक्षिणपंथी कहकर तिरस्कृत किया गया। कैसी विडंबना है कि जो विदेशी विचारधारा और लेनिन, स्टालिन जैसे तानाशाहों का समर्थन करे, वह उदारवादी और प्रगतिशील, परंतु जो भारतीयता की बात करे, यहाँ की ज्ञान परंपराओं में भरोसा जताए, वह दक्षिणपंथी। इस देश की आत्मा की हत्या करने की कोशिश की है कम्युनिस्टों ने। उन पर तो इसके लिए 307 का मुकदमा चलना चाहिए। यह क्या बात हुई कि जो भी सनातन धर्म की बात करेगा, वह दक्षिणपंथी कहलाएगा। इसी तरह प्रगतिशीलता का आडंबर खड़ा किया गया। यह स्थापित कर दिया गया कि प्रगतिशील केवल वही है, जो इस्लाम को प्रगतिशील माने और हिंदुओं को पुरातनपंथी। प्रगतिशीलता धर्म और जाति निरपेक्ष होती है। यदि कोई दलित अपनी बेटी को पढ़ाने के लिए सतत प्रयत्नशील है तो ऐसा न करनेवाले पठान या ब्राह्मण उसकी तुलना में पिछड़े हैं। मेरी दृष्टि में जो अपने ऊपर धर्म को हावी न होने दे, जो जाति की बुराइयों से मुक्त हो और जो बेटियों से पक्षपात न करे, वह होता है प्रगतिशील, पर अब तक तो होता यह रहा है कि दो-चार नज्में पढ़नी आ गईं, बुर्जुआ, साथी और खेतिहर शब्द बोलना आ गया और जेएनयू जाकर ब्राह्मणों, क्षत्रियों को गाली देने लगे तो कहलाने लगे प्रगतिशील।

लड़की को लगता है, लड़का संवेदनशील और भावुक है। वैसे भी वह उसकी बातों से पूरी तरह सहमत भी है। वह कहती है—

**लड़की :** जेएनयू तो खैर 2014 से ऐसी ही खबरों के लिए जाना जाने लगा है। खुद को लोकतंत्र का दीपक घोषित करनेवाले स्वयंभू एक

चुनी हुई सरकार को पहले दिन से बरदाश्त नहीं कर पा रहे। पहले दिन से उन्होंने और उनकी कम्युनिस्ट लॉबी ने सरकार को सरकार नहीं, दुश्मन की तरह देखा। यह गलत है। यदि सरकार को थोड़ा समय दिया गया होता और तब मुद्दों पर आलोचना की जाती तो वह सार्थक होती, पर यहाँ तो लोग पहले दिन से सरकार पर टूट पड़े। विरोध के लिए विरोध नहीं होना चाहिए। असल में, अपने धुर विरोधियों को केंद्र में पाकर कम्युनिस्ट जैसे बौरा गए। मैं यह नहीं समझ पाती कि क्यों ऐसा नहीं हो सकता कि कोई नरेंद्र कोहली पर भी अभिमान करे और कैफी आजमी का भी प्रशंसक हो। हर कट्टरता का विरोध हो, हर कुरीति का विरोध हो। परदा खत्म हो। परदे और सम्मान में अंतर होता है। सड़क पर मुँह बंद करके या लंबा घूँघट काढ़कर चलना एक बात है और सम्मान करना कतई अलग। लंबा घूँघट निकालकर सड़क पर चलती स्त्री हमारी समस्त वैज्ञानिकता पर तमाचा है। स्त्री को यूँ परदे में रखनेवाले स्त्री के ही नहीं, मानवता के दुश्मन हैं, फिर वे हिंदू हों या मुसलमान। बेटी के अधिकार बेटे जैसे हों और देश में सबके लिए एक और कड़ा कानून हो।

एक बात यह कहना चाहती हूँ कि मुझे लग रहा, आपके मुँह से मैं बोल रही हूँ। यह बहुत आश्चर्य की बात है कि दो सर्वथा अपरिचित लोग, जो एक-दूसरे से कभी मिले भी नहीं, उनकी राय इतनी मिलती-जुलती है।

**लड़का** : जैसे, सिक्के पर सिक्का पर ठहरें! दस मिनट मुझे और दीजिए। कुछ और जरूरी बातें हैं।

**लड़की** : कहें।

**लड़का** : दलितों पर आपकी राय जानना चाहता हूँ।

**लड़की** : इसमें राय जैसी क्या बात? जैसे हम वैसे वे। उनके साथ बुरा बरताव हुआ। आपने विषय निकाला है तो यह तो कहूँगी कि दलित कही जानेवाली जातियों का एक उज्ज्वल पक्ष सामने आ ही नहीं सका।

**लड़का** : जैसे?

**लड़की** : यह तो आप मानते ही हैं कि इस्लाम ने अत्यंत वेग से भारत पर

आक्रमण किया था। उस समय धर्मांतरण भी खूब हुए। आखिर इतने मुसलमान तो बाहर से आए नहीं थे। मेरी यह बात खास पश्चिमी उत्तर प्रदेश के बारे में है। उस समय इन इलाकों के दलितों ने आक्रांताओं से लोहा लिया। उन्होंने भय या लालच में अपना धर्म नहीं बदला। यह सबसे अधिक प्रशंसा की बात है, क्योंकि उन्होंने वह धर्म नहीं छोड़ा, जो उन्हें सम्मान नहीं दे रहा था। एक अपमानित कर रहा था, जबकि दूसरा लुभा रहा था, पर वे लालच देने या डराने वाले के पास नहीं गए। यह बहुत बड़ी बात है और मैं सिर झुकाती हूँ उनके आगे।

**लड़का** : यह आपने बिल्कुल नई बात कही। मैं खुद भी दलित हूँ तो यह जानकर अच्छा भी लग रहा है, मुझे।

**लड़की** : मैंने तो आपसे नहीं कहा कि मैं बनिया हूँ। आप किस जाति से हैं, यह मेरे लिए कोई मायने नहीं रखता। आप मनुष्य हैं, सैकड़ों लोगों की रोज सेवा करते हैं और हमारे विचार मिलते हैं, यही मेरे लिए काफी है। हम मित्र हैं, इससे अधिक महत्त्वपूर्ण और कुछ नहीं।

**लड़का** : धन्यवाद, पर मैं कुछ और कहना चाहता हूँ, इसी संदर्भ में।

**लड़की** : लिखें, भेजें।

**लड़का** : डॉ. भीमराव अंबेडकर ने अद्‌भुत रचा। कभी सोचता हूँ तो सोचता ही रह जाता हूँ कि कोई अकेला व्यक्ति कैसे इतना काम कर सकता है? इतनी पढ़ाई और इतना लेखन। कमाल।

**लड़की** : तभी न वे प्रणम्य हैं।

**लड़का** : जी हाँ, पर मैं यह कहना चाहता हूँ कि क्या आपने उनकी लिखी 'थॉट्स ऑन पाकिस्तान' पढ़ी है।

**लड़की** : नाम बहुत सुना है, पर पढ़ी नहीं। कहीं मिली ही नहीं। आपने पढ़ी?

**लड़का** : न! मैंने तो बहुत तलाशी, पर मिली नहीं। बस, यह जानता हूँ कि बाबा साहब ने खुद अपनी इस पुस्तक को बहुत महत्त्वपूर्ण माना था। यह पुस्तक कहीं मिलती नहीं। बहुत सारे लोग इसके बारे में बात नहीं करते। जब उन्हें इस पुस्तक पर बचता हुआ देखता

हूँ तो लगता है कुछ छिपाया जा रहा है। लखनऊ यूनिवर्सिटी में पॉलीटिकल साइंस के एक टीचर हैं, डॉ. आशुतोष मिश्र। उन्होंने इस पुस्तक पर भी एक पुस्तक लिखी है—डॉ. अंबेडकर और मुस्लिम सांप्रदायिकता। इसी पुस्तक से मैं आपको कुछ भेजना चाहता हूँ। इस बहाने मैं केवल यह कहना चाहता हूँ कि कुछ लोग दलितों को आज भी दशकों पुराने चश्मे से देख रहे हैं, पर अब हम बदल गए हैं। नई तरह की पढ़ाई ने हमारे लिए अवसर पैदा किए। अब हम जब दूसरे वर्गों से मिलते हैं तो उनके विचार भी पता चलते हैं। हाँ, अब भी हमारे साथ ज्यादती होती है, लेकिन कोई हालात एक दिन में नहीं बदलते। हमारे भीतर जितनी कड़वाहट दिखाने की कोशिश की जाती है, हम वैसे नहीं हैं और जानते हैं कि परिवर्तन बहुत तेजी से हो रहा है। सवर्ण कही जानेवाली जातियाँ भी बदली हैं। विवाह संबंधों ने उन्हें और हमें बदला है। यह सकारात्मक बदलाव है।

**लड़की** : तत्काल भेजें।

**लड़का** : थोड़ा समय लगेगा। कुछ खास प्वाइंट्स हैं और सब एक साथ भेजता हूँ, या फिर ठहरिए। जब बात हो रही है तो लिखने की क्या जरूरत है। मैं पुस्तक लाकर बोलता हूँ।

**लड़की** : ओके।

फोन कट जाता है। लड़की प्रतीक्षा करती है और इतनी देर में जाकर अपने लिए कॉफी बना लाती है। करीब पंद्रह मिनट बाद लड़के का फोन आता है और लड़की के फोन उठाते ही वह बोलने लगता है।

डॉ. अंबेडकर कहते हैं—

- मुसलमानों में हिंदुओं की सभी सामाजिक बुराइयाँ तो हैं ही, पर उनकी एक अतिरिक्त बुराई है—मुस्लिम औरतों के लिए परदे की अनिवार्यता।
- बुर्का पहनी हुई औरत को सड़क पर चलते देखना भारत में सबसे भयानक चीजों में एक है।
- मुसलमान हिंदू महासभा तथा हिंदुत्व और हिंदू राज के उनके नारे के खिलाफ चीख रहे हैं, पर इसके लिए कौन जिम्मेदार है? मुसलमानों ने मुस्लिम लीग बनाकर हिंदू महासभा और हिंदू राज को एक अनिवार्य

प्रतिशोध के तौर पर खुद अपने लिए आमंत्रित किया है।

- अलाउद्दीन खिलजी ने दक्षिण भारत में मंदिरों को उसी प्रकार नष्ट किया, जिस प्रकार उसके पूर्ववर्तियों ने उत्तर भारत में किया था।
- मिस मेयो की पुस्तक ने दुनिया भर में यह दुर्भाग्यशाली प्रभाव छोड़ा कि जहाँ हिंदू सामाजिक बुराइयों के कीचड़ में फँसे हुए हैं, वहीं दूसरी ओर भारत के मुसलमान उन बुराइयों से मुक्त हैं और हिंदुओं की तुलना में प्रगतिशील हैं।
- यह प्रश्न पूछा जा सकता है कि मुसलमान समाज सुधार के विरोधी क्यों हैं?
- मुसलमान नेता अपनी राजनीति के आधार के तौर पर जीवन के धर्मनिरपेक्ष वर्गों को मान्य नहीं करते हैं, क्योंकि उनके लिए उसका अर्थ हिंदुओं के विरुद्ध अपनी लड़ाई में अपने समुदाय को कमजोर करना है।
- परदे ने मुस्लिम पुरुषों के चरित्र पर बुरा प्रभाव छोड़ा है। परदे की वजह से मुस्लिम पुरुष का अपने घर से बाहर की किसी स्त्री से कोई संबंध नहीं रहता है। यह कहने के लिए किसी मनोविश्लेषक की आवश्यकता नहीं है कि जो सामाजिक व्यवस्था स्त्री-पुरुष के बीच सभी संपर्क समाप्त करती है, उससे वासना की अधिकता और अन्य अप्राकृतिक तथा विकृत तरीकों को बढ़ावा मिलता है।
- बंगाल के तथ्यों से यह अच्छी तरह दिखता है कि मुसलमानों में न केवल जाति बल्कि छुआछूत भी मौजूद है।

**लड़की** : मुझे मानसिक खुराक देने के लिए आभार। लखनऊ जाने पर डॉ. साहब से मिलूँगी और यह पुस्तक भी खरीदूँगी। यह विडंबना है कि आदमी धर्म तो बदल सकता है, पर जाति नहीं। मैं चाहूँ तो कल मुसलमान या ईसाई हो सकती हूँ, लेकिन दलित या ब्राह्मण नहीं हो सकती। मैं शिक्षक हूँ, मेरा कर्म ब्राह्मण का है, लेकिन मैं हमेशा वैश्य ही रहूँगी। इसी तरह, कोई व्यापारी ब्राह्मण कभी वैश्य नहीं हो सकता। यह पहले भी संभव नहीं था और अब तो कोई दलित या पिछड़ा बनना चाहे तो तत्काल आरोप लगेगा कि आरक्षण के लाभ के लिए वह ऐसा कर रहा है।

**लड़का** : वाह! आप तो बड़ी दूर की लाती हैं। कह तो सही रही हैं। जाति नहीं बदली जा सकती, पर धर्म बदला जा सकता है।

**लड़की** : हिंदू धर्म के कर्ताधर्ताओं को अब धार्मिक और सामाजिक कुरीतियों और जाति प्रथा के खिलाफ आंदोलन करना चाहिए। शंकराचार्यों के सामने अब यही सबसे बड़ा लक्ष्य होना चाहिए।

**लड़का** : बात तो पते की है। वैसे घड़ी देखी है आपने?

**लड़की** : अरे! पाँच बजनेवाले हैं! आपसे बातों में पता ही नहीं चला रात कब बीत गई।

**लड़का** : अफसोस हो रहा है क्या?

**लड़की** : एक और बात मैं कह लूँ। देखिए, मेरा बहुत दृढ़तापूर्वक मानना है कि धर्म, जाति और रंग के आधार पर विश्व में तीन वर्गों के साथ बहुत अन्याय हुआ। उनका शोषण किया गया। धर्म के नाम पर यहूदी, जाति के नाम पर दलित और रंग के आधार पर अश्वेत। इन पर हुए अत्याचार पूरी मानवता पर कलंक हैं।

**लड़का** : नई बात कह रही हैं आप।

**लड़की** : गुड नाइट। ओ सॉरी! गुड मार्निंग। मुझे कॉलेज पहुँचना है। दो घंटे सोने की कोशिश करती हूँ।

लड़का बेचारा क्या कहता कि वह तो सो भी नहीं सकता, क्योंकि उसे सुबह आठ बजे बिठूर पहुँचना था किसी से मिलने, लेकिन वह खुश था। सोच रहा था, सोया तो रोज जाता है, पर ऐसी मानसिक खुराक रोज-रोज तो नहीं मिलती। लड़का लड़की को मैसेज करता है। लड़की सोने की तैयारी में होती है, पर लड़के का नाम फोन के मैसेज बॉक्स में चमकता देख, फोन उठा लेती है। देखती है, लड़के का संदेश आया है—आज जिस विषय पर आपसे इतनी चर्चा हुई, उसका एक दूसरा पक्ष दक्षिणपंथ भी है। इस पर आपकी राय जानना चाहूँगा।

**लड़की** : कल।

□

# दक्षिण और वाम का भ्रम

अगले दिन रात 11 बजे लड़की का मैसेज आता है। वह दक्षिणपंथ और कम्युनिस्टों पर बात करना चाह रही है। लड़का तो प्रतीक्षा कर ही रहा था। संयोग से दोनों लोगों का 'फ्री हैं आप' पूछता संदेश एक ही समय एक-दूसरे के फोन में गिरता है। दोनों अपनी व्यग्रता पर हँसते हैं और फिर शुरू करते हैं, मैसेजिंग। पहल लड़की करती है।

**लड़की :** एक काम करें। खुद से प्रश्न करें कि कितने दक्षिणपंथी साहित्यकारों के नाम आपको याद हैं। इसी तरह, दक्षिणपंथी रंगकर्मियों और कलाकारों की सूची बना देखें। एक कागज पर दक्षिणपंथियों और उसके सामने कम्युनिस्टों के नाम लिखकर देखें। आप जब तक यह करते हैं, मैं भी एक काम निपटा आती हूँ।

आधे घंटे बाद—

**लड़की :** हाँ भाई, माधवजी! क्या मिला आपको?

**लड़का :** भाई!!!

लड़की हँसती है और चिढ़ानेवाला आईकॉन मैसेज करती है।

**लड़का :** दक्षिणपंथियों के नाम तो बहुत कम मिल रहे, लेकिन कम्युनिस्टों के बहुत हैं।

**लड़की :** ये नाम आपने खुद तलाशे या फिर ये वे नाम हैं, जिन्हें कम्युनिस्ट या प्रगतिशील तबका दक्षिणपंथी कहता है?

**लड़का :** हैं तो वही नाम। मैंने नहीं तलाशे। मैंने तो उन्हीं नामों को गिन लिया।

**लड़की :** तो इसका क्या अर्थ हुआ? क्या हम मान लें कि कम्युनिस्ट

अधिक योग्य हैं और दक्षिणपंथी अल्पबुद्धि! कला और साहित्य से दूर!

**लड़का** : ऐसा कहाँ संभव है?

**लड़की** : हाँ, नहीं संभव, क्योंकि हर विचारधारा साहित्य और कलाओं के माध्यम से ही समाज में पैठ बनाती है, लेकिन आगे चर्चा के पहले एक और बात कहना चाहूँगी। आपने अभी-अभी वामपंथी कहा। क्यों?

**लड़का** : क्यों क्या? वे हैं ही वामपंथी।

**लड़की** : वामपंथी या कम्युनिस्ट?

**लड़का** : दोनों एक ही बात नहीं?

**लड़की** : नहीं। यह भ्रम है, जो बहुत चतुराई से कम्युनिस्टों ने बुना।

**लड़का** : ???

**लड़की** : शब्दकोष में वाम का अर्थ है—बायां, प्रतिकूल, खोटा, विरुद्ध, नीच, टेढ़ा, कुटिल, बुरा, कामदेव, वरुण, कृष्ण का एक पुत्र, ऐसा वर्णवृत्त जिसके हर चरण में चौबीस अक्षर होते हैं और एक रुद्र का नाम। इनमें एक भी शब्द धर्म विरुद्ध नहीं। किसी भी शब्द से संस्कृति विरोध की ध्वनि नहीं। वाम तो कोई भी हो सकता है। भारत के दुर्भाग्य से, भारत के कम्युनिस्ट अपने को प्रगतिशील और उदारवादी कहलाने में सफल हो गए। उन्होंने एक ही झूठ इतनी बार और इतनी तरह से बोला कि वह सच लगने लगा। समाजवाद तो श्रेष्ठ विचारधारा है। समाजवाद तो यहीं की मिट्टी से जन्मा है। उसमें यहीं का खाद-पानी है तो सुगंध भी यहीं की है। आचार्य नरेंद्रदेव, डॉ. राममनोहर लोहिया को आप वामपंथी कह सकते हैं। यदि आपने अभी तक इन्हें न पढ़ा हो तो इन दोनों विचारकों को पढ़कर देखें। इतनी विद्वत्ता और इतना अपूर्व ज्ञान मिलेगा इनके लिखे में कि धन्य हो जाएँगे। धर्म की सुंदरतम व्याख्याएँ करते हुए इन्होंने हर उस बात का समर्थन किया, जो मानवता के हित में थी। इन्होंने हिंदुत्व की कुरीतियों का भी विरोध किया।

इसी प्रकार कबीर वामपंथी थे जिन्होंने उस समय की कुरीतियों

के विरुद्ध झंडा उठाया। धर्म के दोषों के प्रतिकूल स्वरों के प्रतिनिधि थे कबीर, लेकिन उन्होंने क्या हिंदू और क्या मुसलमान, सब पर डंडा चलाया। उन्होंने धर्म और जाति नहीं, अवगुण देखे और उन्हें दूर करने का प्रयास किया। कबीर का कहा, किया एकतरफा नहीं। इसके विपरीत कम्युनिस्टों ने, मार्क्सवादियों ने धर्म को, केवल हिंदू धर्म को अफीम कहा। वे जानते थे कि कम्युनिस्ट नाम या शब्द आम जन में स्वीकार्य नहीं होगा तो बड़ी चतुराई से खुद को वामपंथ के आवरण में छिपा ले गए। वामपंथ शब्द गलत नहीं है। उसकी ओट में छिपे कम्युनिस्ट गलत हैं। वे झूठे और षड्यंत्रकारी हैं। उन्होंने घृणा का काला कारोबार किया और तोहमत दूसरों पर मढ़ी।

**लड़का :** हम्म··· ! यह भी एक कारण है कि कम्युनिस्ट कभी भी भारतीय मानस में पैठ नहीं बना सके। वे यह भी नहीं देखना चाहते कि कम्युनिज्म छोड़नेवाले देशों ने आखिरकार लोकतंत्र की राह पकड़ी।

**लड़की :** पैठ वे आगे भी नहीं बना सकेंगे। वे धर्मांध और हिंसक हैं। वास्तविकता यह है कि दक्षिणपंथ जैसी सोच भारत में रही ही नहीं। इस उदारवादी देश में अतिवाद का कभी कोई स्थान नहीं रहा। यहाँ मध्यमार्गी, तर्कवादी, आस्तिक-नास्तिक, द्वैत-अद्वैतवादी, शैव-वैष्णव, सनातन-बौद्ध, हीनयान-महायान, कबीरपंथी, भक्तिमार्गी, सुधारवादी रहे, पर कम्युनिस्टों ने सात-आठ दशक पहले बड़ी चतुराई से दक्षिणपंथ का हल्ला खड़ा किया। क्या भाजपा के वोटर दक्षिणपंथी कहलाए जाएँगे? वे वोटर, जो लोकसभा चुनाव में भाजपा के साथ थे, पर दिल्ली व बिहार में उससे छिटक गए। भला कैसे दक्षिणपंथी हुए वे?

**लड़का :** बहुत लोग भारत पर हुए वैचारिक हमलों से क्षुब्ध हैं, जबकि उनका भाजपा से कोई लेना-देना नहीं।

**लड़की :** फिर कहूँगी कि यह कम्युनिस्टों की सफलता है कि वे सच पर झूठ का ऐसा आवरण डाल सके कि लोग दक्षिणपंथ-दक्षिणपंथ भजने लगे। इसीलिए भारतीय चिकित्सा पद्धतियों

और समस्त भारतीय ज्ञान परंपराओं के विरुद्ध बुद्धिजीवियों में प्रबल उपेक्षा भाव दिखता है। सच तो यह है कि साहित्य और कला की दुनिया में जिसने कम्युनिस्टों को नहीं माना, उसे दक्षिणपंथी कह दिया गया या बिरादरी से बाहर कर दिया गया। स्व. भगवतीचरण वर्मा ने अपने उपन्यास टेढ़े-मेढ़े रास्ते में कम्युनिस्टों पर टिप्पणी की तो प्रगतिशील लेखक संघ ने उनसे नाता तोड़ लिया। विद्यानिवास मिश्र का लेखन अद्वितीय था, लेकिन कथित प्रगतिशील उनके विरुद्ध रहे। उन्होंने जयशंकर प्रसाद को नहीं माना, शैलेश मटियानी ने जब राह बदली तो उन्हें भी खारिज कर दिया। नरेंद्र कोहली से भी उन्हें परहेज है।

**लड़का :** यह बताएँ, प्रगतिशील कौन है? वह जो किसी एक खेमे से बँधा है या फिर वह, जिसके विचार और कलम उदार हैं।

**लड़की :** 1936 के लखनऊ अधिवेशन में प्रेमचंद ने प्रगतिशील लेखक संघ के नाम पर आपत्ति की थी। उनका तर्क था कि हर रचनाकर्मी प्रगतिशील होता है। वह प्रगतिशील नहीं तो रचेगा क्या, लेकिन इसके बाद भी प्रगतिशील लेखक संघ ने तिरस्कार की अपनी धारा छोड़ी नहीं। भारतीय अतिवादी नहीं। कभी नहीं रहे। उन्होंने तो शंकराचार्य के विचारों में बुद्ध के दर्शन किए और ईश्वर को भी अपनी आलोचना के दायरे में ले आए। अनीश्वरवादियों को छोड़ दें तो अतिवादी अपने आराध्य की आलोचना नहीं करता। सनातन संस्कृति मूल में ही उदारवादी है, जिसमें अति बाएँ या अति दाएँ की कभी कोई जगह नहीं बन सकी। आगे भी नहीं बनेगी। मार्क्सवादी राजनीतिक रूप से इसीलिए व्यापक नहीं हुए, क्योंकि वे उदार नहीं।

**लड़का :** एक और बात देखें। अभिव्यक्ति की आजादी का परचम उठानेवाले कम्युनिस्ट अपनी प्रेरणा जिन देशों से लेते हैं, वहाँ अभिव्यक्ति की आजादी भला कब रही? कम्युनिज्म का ईंधन जिन देशों से आता रहा, उनमें मुख्य थे—चीन और पुराना सोवियत संघ। सोवियत प्रभाव वाले ईस्ट ब्लॉक के देश और क्यूबा व उत्तरी वियतनाम भी इन्हीं में थे। गोर्बाचेव के पूर्व

सोवियत संघ में अभिव्यक्ति की स्वतंत्रता कैसी थी, क्या यह विषय चर्चा योग्य भी है?

**लड़की :** एकदम सही कह रहे आप। स्टालिन के इशारे पर की गई राजनीतिक हिंसा ने अपना चरम देखा। स्टालिन ने अपनी यात्रा वहीं से शुरू की, जहाँ लेनिन ने छोड़ी थी। चीन के बारे में कहना ही क्या, जहाँ थ्येन आन मन चौक कांड हुआ। छात्रों का दम भरनेवाले कम्युनिस्टों के देश में ही छात्रों पर सबसे क्रूर हिंसा हुई। क्यूबा में तानाशाही थी और अब उत्तरी कोरिया का तानाशाह दुनिया को डराता है। उत्तरी वियतनाम की विशेषता यह है कि वहाँ अमेरिका पराजित हुआ। फ्रीडम ऑफ एक्सप्रेशन का नारा बुलंद करनेवाले कम्युनिस्ट वास्तव में मिथ्या भाषण और नकलीपन के बादशाह हैं। जेएनयू में आजादी माँगी गई। जब देश ने रिएक्ट किया तो भूख, गरीबी, जातिवाद और असमानता से आजादी माँगी जाने लगी। पश्चिम बंगाल में 34 साल एकछत्र शासन रहा कम्युनिस्टों का, पर वहाँ वे यह कथित आजादी नहीं दे सके। विकास के विभिन्न मानकों पर क्या बंगाल आज वहीं खड़ा है, जहाँ महाराष्ट्र और गुजरात हैं? जो सहकारिता आंदोलन इन दोनों राज्यों की अर्थव्यवस्था में क्रांति लाया, वह बंगाल में सफल क्यों नहीं हो सका, श्वेत क्रांति बंगाल में क्यों नहीं हुई? उस बंगाल में, जिसे कम्युनिस्ट अपने मुकुट की मणि बताते रहे। क्यों ऐसा है कि राजनीतिक हत्याओं की विचलित कर देनेवाली सबसे अधिक खबरें बंगाल और केरल से आती हैं, क्यों ऐसा है कि नक्सली हिंसा और इस्लामी अतिवाद के खिलाफ कम्युनिस्ट मुखर नहीं होते? क्यों उनके मुँह में तब दही जम जाता है।

**लड़का :** द्वितीय विश्वयुद्ध के बाद दोनों बड़े विजेताओं ने दुनिया को दो हिस्सों में बाँट लिया। भारतीय स्वतंत्रता संग्राम से अलग-थलग रहनेवाले कम्युनिस्टों ने स्वाभाविक रूप से सोवियत संघ का दामन थामा। चीन से युद्ध हुआ तो हमारे कम्युनिस्ट हतप्रभ।

**लड़की :** भारतीय कम्युनिस्टों की कठिनाई यह है कि वे एक ऐसा पौधा

भारत में बोना चाहते हैं, जो यहाँ की हवा-मिट्टी और पानी के माफिक नहीं। कम्युनिस्ट विचार जिस परिवर्तन की बात करता है, इस देश के संस्कारों में वह लचीलापन आदिकालीन है··· सनातन संस्कारों की घुट्टी में मिला हुआ। जेएनयू में हाल के वर्षों में जो कुछ हुआ, वह वास्तव में कम्युनिस्ट असहिष्णुता का घोर प्रदर्शन था। वे लोग अभिव्यक्ति की आजादी की बात करते हैं, पर अपने आगे किसी को बोलने नहीं देते। साहित्य से समाज तक कम्युनिस्ट चरमपंथ से भरे पड़े हैं। इसमें कोई संदेह नहीं कि साहित्य, सिनेमा और कला में उन्होंने कभी नायाब हीरे दिए, लेकिन इसमें भी कोई शक नहीं कि यह एकपक्षीय था और जिसने भी उनका विरोध किया, कम्युनिस्टों ने उसे बाहर का रास्ता दिखा दिया। अभिव्यक्ति की आजादी उनके यहाँ ऐसा स्लोगन है, जो केवल बोला जाता है—अपने लोगों द्वारा, अपने लोगों के लिए।

भारतीय कम्युनिस्टों ने भारत का बहुत अहित किया। नेहरू के सोशलिज्म का लाभ उठाकर उन्होंने शिक्षा और साहित्य पर कब्जा किया और ऐसी पीढ़ियाँ तैयार कर दीं, जो भारतीय संस्कृति और विचारों का नाम आते ही मुँह बिचकाने लगीं। कम्युनिज्म अब चिढ़ इसीलिए रहा है, क्योंकि वह जान गया है कि बहुमत अब न केवल यह खेल समझ गया है, बल्कि उसके विरोध में मुखर भी है। पश्चिम का विद्वान् यह नहीं देखता कि अमेरिका की प्रसिद्ध प्रिंसटन यूनिवर्सिटी में को-एजुकेशन 1969 में आरंभ हुई, जबकि यह कॉलेज 1746 में बना था। अमेरिका में आज तक महिला राष्ट्रपति नहीं हो सकी और अभी तक केवल एक अश्वेत इस पद पर पहुँच सका, वह भी इस सदी में। इधर भारत है, जिसने स्वतंत्रता पाने के केवल पचास वर्षों में दलित, महिला, अल्पसंख्यक सभी को राष्ट्रपति और प्रधानमंत्री बना दिया था। उत्तर प्रदेश जैसे बड़े राज्य की पहली गवर्नर महिला थी। कम्युनिस्ट इतिहासकारों और पश्चिम की आँख पर चढ़ा चश्मा भारत के प्रति ईमानदार

नहीं। कम्युनिस्ट और प्रगतिशील—ये दो वर्ग ऐसे हैं, जो केवल सनातन संस्कृति के विरोध पर पलते हैं। इनकी आँख में दोष है। इसके कारण ये केवल एक ओर ही देख पाते हैं। इनके एनजीओ देश में विध्वंसकारी माहौल बनाते हैं। इनमें से बहुत से धर्मांतरण करानेवाली शक्तियों से प्राप्त चंदे पर चलते हैं। आप एक पुस्तक पढ़ें—ब्रेकिंग इंडिया। राजीव मल्होत्रा और अरविंद नीलकंदन की यह पुस्तक बहुत महत्त्वपूर्ण है।

**लड़का** : मैंने तो पढ़ी नहीं और मेरे पास है भी नहीं। आप ही बताएँ, क्या है इसमें?

**लड़की** : पुस्तक तो बहुत वृहद् है। उसका दायरा बहुत व्यापक है और उतना बताने में तो पूरी रात निकल जाएगी। आप खुद पढ़ेंगे तो मेरी बात अधिक अच्छी तरह से समझ सकेंगे, लेकिन इतना मैं अभी कहती हूँ कि इस पुस्तक की भूमिका ही आँखें खोल देती है। लेखक के अनुसार, उन्हें अपनी यह पुस्तक लिखने का विचार 1990 के दशक में तब आया, जब उनकी भेंट अमेरिका की प्रिंसटन यूनिवर्सिटी के एक छात्र से हुई। अफ्रीकी-अमेरिकी मूल का यह छात्र उसी समय भारत से लौटा था। वह छात्र उस समय 'एफ्रो-दलित प्रोजेक्ट' पर काम कर रहा था। राजीव मल्होत्रा को कौतूहल हुआ और जब उन्होंने पड़ताल की तो पता चला कि वह 'एफ्रो-दलित प्रोजेक्ट' एक अमेरिकी संस्था द्वारा चलाया जा रहा था और उसका उद्देश्य भारत के दलितों को अश्वेत और यहाँ के सवर्णों को श्वेत घोषित करना था। ध्यान से देखें माधव, यह सवर्णों-अवर्णों के मध्य बहुत गहरी विभाजन रेखा खींचने की कोशिश है। राजीव मल्होत्रा के अनुसार, विदेशों से गरीब बच्चों की सहायता और शिक्षा के नाम पर आनेवाला लंबा-चौड़ा अनुदान धर्मांतरण पर खर्च होता है। यह चर्च का षड्यंत्र है। राजीव कहते हैं कि भारत ऐसी ताकतों का पहला टारगेट है। वहाँ के एनजीओ, धार्मिक और राजनीतिक संस्थाएँ, चर्च, शिक्षाविद् और बौद्धिक जगत् भारत को जातियों, वर्गों और छोटे छोटे समूहों में विभाजित देश

बताना चाहते हैं। राजीव कहते हैं, 'ऊपर से यह सारी संस्थाएँ भले ही अलग-अलग दिखें, लेकिन भीतर से वे सब एक हैं और अमेरिका व यूरोप से होनेवाली फंडिंग के बल पर गरीबों की मदद के नाम पर भारत की एकता और अखंडता के लिए खतरा हैं।'

**लड़का :** आप तो डरा रही हैं। यह तो बहुत खतरनाक है।

**लड़की :** डरना ही चाहिए हमें। राजीव मल्होत्रा तो यहाँ तक कहते हैं कि इन विदेशी संस्थाओं ने अपना बहुत बड़ा नेटवर्क भारत में फैला लिया है। वे भारत के लोगों को इन संस्थाओं में नौकरियाँ देते हैं। और भी तरीकों से लोगों की आर्थिक सहायता की जाती है। माओवादियों, खालिस्तानियों और कश्मीरी आतंकवादियों को वैचारिक और आर्थिक सहयोग इन्हीं जगहों से आता है।

**लड़का :** इसीलिए ये सब और भारत के शहरों में बैठे इनके समर्थक हमेशा इतने एकजुट और आक्रामक दिखते हैं।

**लड़की :** जी हाँ। आप डरने की बात कर रहे हैं। यह पुस्तक पूरी पढ़ें तो सच में डर जाएँगे। बहुत गहरा और बहुत व्यापक षड्यंत्र हो रहा है। यह पुस्तक भारत के खिलाफ हो रहे षड्यंत्रों को परत-दर-परत उधेड़ती है। मैं केवल एक उदाहरण दे रही हूँ। तमिलनाडु में एक थामस चर्च है, जिसके बारे में मान्यता है कि यह पहली शताब्दी में बनी थी। राजीव मल्होत्रा के अनुसार इस मान्यता का कोई ऐतिहासिक आधार नहीं। अलग-अलग समय पर अलग-अलग चर्चों द्वारा बोले गए झूठ का कारण यह प्रचारित करना था कि दक्षिण भारत में हर अच्छी बात चर्च की स्थापना के बाद हुई और जो कुछ भी वहाँ गलत था, उसका कारण हिंदू धर्म था। थॉमस चर्च का मिथक तमिलों और शेष भारत की संस्कृति में दरार डालने के लिए किया गया। थामस चर्च की प्रामाणिक पुष्टि न होने पर फादर हेनरी हेरास जैसे कुछ ईसाई विद्वानों ने ही इस मान्यता का खंडन भी किया, लेकिन 1970 के दशक में आकर फिर थामस चर्च के पक्ष में माहौल बनाया जाने लगा। वेटिकन से पैसा आया और

पुरातात्विक साक्ष्यों के साथ खिलवाड़ होने लगा और साहित्य और संस्कृति के गिरोहों को सक्रिय कर दिया गया। आप हँसेंगे यह जानकर कि थामस चर्च के एक पक्षकार देवन्यागम के अनुसार, जब संत थामस सन् 52 में भारत आए तो उसके बाद उत्तर भारत में संस्कृत की सहायता से ईसाई धर्म का प्रचार-प्रसार हुआ। हालाँकि बाद में कुटिल ब्राह्मणों ने संस्कृत को हथिया लिया। वेद ईसा मसीह के बाद दूसरी सदी में लिखे गए और शैव, वैष्णव मत और भारत की धार्मिक व आध्यात्मिक चेतना का विकास थामस चर्च के प्रभाव में आकर हुआ। यह भी कहा गया कि ब्राह्मण, संस्कृत और वेदांत अराजक शक्तियाँ हैं और आवश्यक है कि तमिलों के हित में इनका उन्मूलन कर दिया जाए। 2004 में ईसाई मिशनरियों के लिए एक गाइड बुक प्रकाशित की गई, जिसमें बताया गया कि भारत द्रविड़ क्रिश्चियन देश है और संस्कृत ईसाईयों की देन है। यह गाइडबुक बताती है कि संस्कृत वर्ष 150 में आई और इससे सात भाषाएँ तमिल, पाली, हिब्रू, ग्रीक, लैटिन, पर्शियन और आरमेनिक जन्मीं। गाइडबुक के अनुसार, थामस ईसाइयों ने ईसाई धर्म के प्रचार के लिए संस्कृत को 'क्रिएट' किया।

**लड़का :** यह तो बड़े कमाल का झूठ है। वेदांत अराजक हैं? जहाँ तक मेरी जानकारी है, वेदांत तो केवल आत्मा-परमात्मा की बात करते हैं। वहाँ तो जाति-धर्म है ही नहीं।

**लड़की :** हाँ! वेदांत तीन ग्रंथों पर आधारित हैं। उपनिषद्, गीता और ब्रह्मसूत्र। वेदांत अनुपम हैं। स्वामी विवेकानंद तो यहाँ तक कह गए कि 'जो मानव विश्व बंधुत्व का अर्थ और उसकी भावना समझ लेता है, केवल वही वेदांती कहलाने का पात्र है।' उनके अनुसार, वेदांत किसी एक व्यक्ति पर केंद्रित या आधारित नहीं है—It (Vedanta) does not build itself around one man as a centre. Yet it has nothing to say against philosophies which do build themselves around certain persons. इसके बाद भी यह किसी ऐसे दर्शन का विरोध नहीं करता, जो अपने को

व्यक्ति-केंद्रित या व्यक्ति आधारित रखता है। इसलिए वेदांत का विरोध तर्कहीन है और केवल इसलिए है, ताकि भारत के ज्ञान भंडार को समाप्त किया जा सके, लेकिन यही बात हमारा बुद्धिजीवी समझ नहीं पा रहा। पैसे और ताकत के दम पर इतने झूठ इतनी तरह से और इतनी बार बोले गए और बोले जा रहे हैं कि वे सच लगने लगे हैं। इनके पक्ष में बुद्धिजीवियों के दल खड़े किए जाते हैं, सेमिनार कराए जाते हैं, पत्रकारों और शिक्षकों आदि को विदेश यात्राएँ कराई जाती हैं। यही कारण है, जो चारों तरफ हिंदू धर्म के प्रति इतना आक्रोश दिखता है। ये ऐसा माहौल पैदा करने के विशेषज्ञ लोग हैं। इनकी हीनभावना इन्हें अपने से पुराने धर्मों और सभ्यताओं को मानने नहीं दे रही। ये सबकुछ ईसा के बाद देखना चाहते हैं। भारत, पर्शिया और मेसोपोटामिया जैसी सभ्यताएँ इन्हें खटकती हैं। इनको बिके हुए बुद्धिजीवी हमें बताना चाहते हैं कि दुनिया में जो भी अच्छा है, वह मुसलमानों व ईसाइयों के कारण हुआ। माधवजी, दो सौ साल से अधिक हो गए चर्च को हमारे खिलाफ षड्यंत्र करते हुए। परिणाम भयानक है। कन्याकुमारी में अब ईसाई प्रभुत्व है और वहाँ हिंदुओं को अपनी धार्मिक आस्थाओं का सार्वजनिक प्रदर्शन नहीं करने दिया जा रहा। कन्याकुमारी के गाँवों का अब ईसाई नामकरण हो रहा है। हिंदू प्रतीकों को गिराया जा रहा है और नया-नया धर्मांतरण करनेवालों के माध्यम से घृणा का साहित्य बाँटा जा रहा है। मैं कहती हूँ आपसे कि ये करनेवाले वे लोग हैं, जो हिंदुओं को असहिष्णु और हिंसक कहते हैं। पैसे की ताकत के दम पर यह अँधेर किया जा रहा है।

**लड़का :** सरकारें अंधी-बहरी हो चुकी हैं। वे यह अन्याय नहीं देखना चाह रहीं। बंगाल देख लें। कश्मीर देख लें। कहीं भी देख लें, हिंदू होना मानो सामाजिक अपराध हो गया है।

**लड़की :** हम भारतीय न यह समझ पा रहे हैं और न शायद समझना ही चाहते हैं कि हमें बाँटने का कितना सुनियोजित षड्यंत्र हो रहा है और कितनी बड़ी ताकतें इस काम में लगी हैं। अखंड

और आत्मभिमानी भारत बाहरवालों को पच नहीं रहा। राजीव मल्होत्रा की पुस्तक का एक अंश मैं आपको बताती हूँ। पहले वह जो फ्रांस के क्रिस्टोफी जैफरलेट ने लिखा है। वह इस प्रकार है—

'1924 में त्रावणकोर राज्य के वैखम में दलितों ने एक मंदिर में प्रवेश के लिए बड़ा आंदोलन किया। दलित चाहते थे कि मंदिर में उनका प्रवेश न भी हो सके तो भी मंदिर को जानेवाली सड़क के बगलवाले रास्ते पर उन्हें चलने की अनुमति मिल जाए। गांधी दलितों के समर्थन में वैखम पहुँचे, लेकिन जब मंदिर के पुजारियों को नहीं मना सके तो उन्होंने आंदोलन से हाथ खींच लिया। इससे सत्याग्रह विफल हो गया। उल्टे पुजारियों के तर्कों से गांधी इतना प्रभावित हुए कि उन्होंने वैखम से लौटने के बाद खुद को सनातनी हिंदू घोषित कर दिया।'

**लड़का** : यह तो गलत किया गांधी ने।

**लड़की** : देखा! आप भी वही समझे न, जो यूरोपियन चाहते हैं कि हम समझें। अब इसी घटना का एक और पक्ष देखें। यह लिखा है, केरल के जाने-माने इतिहासकार एस.एन. सदासिवन ने। वह कहते हैं—

'वैखम सत्याग्रह भारत का तब तक का सबसे बड़ा जनांदोलन था। यह पूरी तरफ सफल रहा और इसने आगे के आंदोलनों को दिशा प्रदान की।'

**लड़का** : यह तो बिल्कुल अलग बात हुई। सदासिवन तो आंदोलन को सफल बता रहे हैं।

**लड़की** : यही राजीव मल्होत्रा ने भी लिखा है। उनके अनुसार, गांधी तो वैखम सत्याग्रह के बहुत पहले अपने को सनातनी हिंदू घोषित कर चुके थे। गांधी सनातन धर्म और वर्णाश्रम को नए अर्थों में बताना चाह रहे थे। इसमें वे कुछ हद तक सफल भी रहे थे। यह बात हमारे, आपके और सबके समझने की है कि सत्य को किस प्रकार बदला जा रहा है। हम यही नहीं समझेंगे तो बहुत नुकसान उठाएँगे।

**लड़का** : कहती रहें। मैं तो हतप्रभ हूँ।

**लड़की** : भारत और उसके हिंदू हमेशा से बाहरवालों की आँख में खटकते रहे हैं। दुर्भाग्य से हम सनातनी आज भी अपनी अस्मिता और अस्तित्व की रक्षा नहीं कर पा रहे। दूसरे हमें बाँट रहे हैं और हम बँट रहे हैं। इस बात को समझना चाहिए कि दुनिया में इस्लाम तलवार के दम पर फैला। यही ईसाइयों ने भी किया, पर उन्होंने शिक्षा और चिकित्सा को भी हथियार बनाया। अब बच्चा यदि मिशनरी अस्पताल में पैदा होगा और मिशनरी स्कूल में पढ़ेगा तो उनकी मान्यताओं और विश्वासों के प्रति उसमें आकर्षण या नरमी हो जाना बहुत स्वाभाविक है। ईसाइयों में आपको हिंदू नाम बहुतायत में मिल जाएँगे, पर इस्लाम में नहीं।

**लड़का** : मिशनरियाँ अपने को सभ्य कहती हैं। हिंदू धर्म में उन्हें केवल खामियाँ दिखती हैं। मैं आपको उनका एक उदाहरण देता हूँ। कुछ दिन पहले मैंने जिन डॉ. आशुतोष मिश्र का उल्लेख किया था, उन्हीं की एक पुस्तक है—अमेरिकन कैथोलिक्स। उसमें एक जगह डॉ. साहब लिखते हैं, 'बोस्टन ग्लोब ने खबर छापी कि एक बड़े ईसाई पादरी को यौन अपराधों में सजा से बचाने के लिए चर्च ने करीब दस लाख डॉलर का सेटलमेंट भरा था। कुछ-कुछ वर्षों के अंतराल पर 50 पादरियों को बचाने के लिए चर्च को 100 मिलियन डॉलर का सेटलमेंट करना पड़ा।'

**लड़की** : इन घटनाओं पर भारतीय बुद्धिजीवी मुँह में फेवीकोल डालकर बैठ जाएँगे।

**लड़का** : पर क्या आपको नहीं लगता कि हिंदू भी चाहते तो शिक्षा और चिकित्सा में समाज-सेवा कर सकते थे? उन्हें किसी ने रोका तो था नहीं।

**लड़की** : क्यों नहीं लगता। आप तो मेरे मन की कह रहे हैं। दूसरा यदि सेवा के बूते आगे बढ़ रहा है और आप केवल उसकी निंदा करके रह जा रहे हैं तो दोष आपका है, उसका नहीं।

**लड़का** : इसीलिए धर्मांतरण की खबरें आती रहती हैं।

**लड़की** : इस बात में तो संदेह नहीं कि हमारे पुरखों ने जाति के नाम

पर गलतियाँ कीं, पर यह भी देखा जाना चाहिए कि इस्लाम और ईसाइयत के आगमन के पहले और खासकर पिछले दो सौ वर्षों में हमारे इतिहास लेखन के साथ जो खिलवाड़ हुआ, उसका शुद्धीकरण कैसे हो?

**लड़का** : हाल ही में अखबारों में मैंने पढ़ा कि भारत में अब भी 19,500 भाषाएँ और बोलियाँ जीवित हैं। यह संख्या भारत की विविधता और विशालता का प्रमाण है। मुझे लगता है, इनका भी संरक्षण होना चाहिए।

**लड़की** : बड़ी मार्के की बात कह रहे हैं आप। संरक्षण तो होना ही चाहिए, हमने तो इनका उपयोग भी आज तक ठीक से नहीं किया। अंग्रेजों की शिक्षा-प्रणाली और अंग्रेजी हमारे ऊपर इस तरह लाद दी गई कि हम अपनी ही बोलियों से विरक्ति कर उठे। जो इस शिक्षा पद्धति में रम गए और नौकरी पा गए, वे इसी को सर्वोच्च मानने लगे। बहुत बड़ा और बहुत अधिक काम होना है और यह सरकार को ही करना होगा। जब तक भारतीय भाषाएँ सबसे अच्छे रोजगार का माध्यम नहीं बनतीं, अंग्रेजी उन्हें दबाती रहेगी। अंग्रेजी बोलनेवालों की संख्या इस देश में नगण्य है, लेकिन उसका आभामंडल बहुत व्यापक है। जैसा मैंने अभी कहा कि हमें अपने भीतर भी झाँकना होगा और इसीलिए मैं कहूँगी कि कम्युनिज्म के विरोध में तर्क को तिलांजलि नहीं दी जानी चाहिए। जहाँ जो समाज के उपयोग का हो, वह स्वीकार किया जाए। कम्युनिज्म की अतिवादी गलतियाँ दोहराना ठीक नहीं। देखें माधव, मेरी सोच एकदम स्पष्ट है। मैं पिछले आठ सौ वर्षों का सम्मान करती हूँ। उनकी बहुत सी अच्छी बातों, विज्ञान और कलाओं के प्रति मेरे मन में आदर है, लेकिन मैं उन आठ सौ वर्षों से पहले के जो भी दो, चार, 10 या 12 हजार वर्ष हैं, भारत के, मैं उनका भी सम्मान चाहती हूँ। उस कालावधि में रहे अपने पूर्वजों, अपनी संस्कृति, अपनी भाषाओं और अपने धर्म के प्रति प्रेम, पहचान, सम्मान और सहिष्णुता का बरताव चाहती हूँ। हमने कभी अपने को

सर्वश्रेष्ठ नहीं कहा। न खुद को, न अपनी किसी पुस्तक को और न अपने ईश्वर को। हम बस इतना चाहते हैं कि कोई दूसरा हमें नीचा दिखाने और हमारा अपमान करने का प्रयास न करे। बताओ माधव! क्या मैं गलत हूँ ?

लड़का भी लड़की की ही राय का है। उसकी अपनी भी यही सोच है। इसी प्वाइंट पर उस दिन की उनकी मैसेजिंग विराम पाती है।

इन अनोखे फोन मित्रों की यह भी एक खास बात थी कि दोनों ने एक-दूसरे को देखा नहीं था। एक-दूसरे की वाट्सएप प्रोफाइल फोटो अवश्य देखी थी, लेकिन फोटो और आमने-सामने में बहुत अंतर होता है। लड़के को पहले अखरता था, पर अब उसे भी अपनी तरह की इस अलग दोस्ती में मजा आने लगा था। उसे भी लगता, मिल लेने के बाद इस मैत्री की रहस्यात्मकता समाप्त हो जाएगी और यह वह बिल्कुल भी नहीं चाहता था। मैसेजिंग में संतुष्टि मिलती, जो उन दोनों को ही रोमांचित करती।

दो दिन बाद फिर लड़की का संदेश आता है। उसने पूछा है कि लड़का अगले दिन फ्री कब होगा ?

**लड़का** : क्या हुआ ? बताएँ। फ्री ही फ्री हूँ।

**लड़की** : मैं कॉल करूँगी शाम को ?

**लड़का** : कल सी.एम.ओ. साहब रिटायर हो रहे हैं। लाजपत भवन में उनका विदाई समारोह है। खाना-पीना होते-होते दस बज जाएगा। उसके बाद कभी भी कर लें।

**लड़की** : तो फिर कल 11 बजे।

अगली रात ठीक 11 बजे लड़की का फोन आता है। वह कहती है—

□

# मैं समाजवादी हूँ

**लड़का** : अरे! यह कैसी बात?

**लड़की** : यह स्वामी विवेकानंद के एक लेख का शीर्षक है।

**लड़का** : स्वामी विवेकानंद!!

**लड़की** : जी! स्वामी विवेकानंद। कुछ दिन पहले आपसे चर्चा हुई थी कि कम्युनिस्टों ने षड्यंत्र करके समाजवाद और वामपंथ के साथ अपना घालमेल किया। ये खतरनाक लोग हैं। मैं आज आपको केवल यह बताना चाहती हूँ कि स्वामीजी का ये लेख कभी मौका लगे तो पढ़ें।

**लड़का** : आपके पास हो, तो भेजें मुझे।

**लड़की** : उसी के लिए फोन किया है मैंने। लेख तो बड़ा है। मैं उसके कुछ अंश बोलकर सुनाऊँगी।

**लड़का** : वाह!

**लड़की** : स्वामी विवेकानंद ने लिखा, 'राजा संपूर्ण ईश्वरत्व का दावा करते हुए दूसरों को अति नीच समझता है और चाहता है, वे दीनता प्रदर्शित करते हुए उसके सामने धरती पर लोटें। उसकी इच्छा का, चाहे वह भली हो या बुरी, उसका विरोध करना प्रजा के लिए महापाप है।'

लड़का बीच में टोकना चाहती है तो लड़की रोक देती है।

**लड़की** : प्रशंसा न करें। स्वामीजी ने प्रशंसा के लिए नहीं लिखा था। पहले पूरा तो सुन लें। वे लिखते हैं—

'एक ऐसा समय आएगा, जब शूद्र अपने शूद्रत्व के साथ ऊपर चढ़ेंगे। यह उत्थान आज के समान नहीं होगा, जब शूद्र,

वैश्यों या क्षत्रियों के विशेष गुण प्राप्त करके ही बड़े होते हैं, वरन् एक समय ऐसा आएगा, जब प्रत्येक देश के शूद्र अपनी जन्मजात शूद्र प्रकृति और आचार के साथ ही प्रत्येक समाज में पूर्ण प्रभुत्व प्राप्त करेंगे।' ...अभी तक होता यह रहा है कि यदि शूद्र जाति में कोई असाधारण बुद्धिवाला मनुष्य पैदा हो जाए तो उच्च वर्गवाले तुरंत उस पर पदवियों द्वारा सम्मान की वर्षा करके उसे अपने वर्ग में उठा लेते थे।

लड़के से रहा नहीं गया और वह बोल ही पड़ा, "चमत्कृत हूँ मैं।"

**लड़की** : सुनें माधव! अब जो कहने जा रही हूँ, यदि मैं न बताऊँ तो आप उसे किसी कम्युनिस्ट का कहा मानेंगे या नहीं? स्वामीजी ने लिखा, 'समाज में सबको एक समान अवसर मिलने चाहिए। राष्ट्र झोपड़ियों में बसता है। यदि मजदूर लोग काम करना बंद कर दें तो तुम्हें अन्न-वस्त्र मिलना बंद हो जाए। याद करो, गॉल लोगों के हाथ से शक्तिशाली पुरातन रोम सभ्यता धूल में मिला दी गई। इसी कारण मैं कहता हूँ, इन निम्न जातियों को विद्या और संस्कृति प्रदान करके निद्रा से जगाओ। तब वे तुम्हारे प्रति कृतज्ञ होंगे।'

**लड़का** : ठीक कह रही हैं। कोई न जाने तो कम्युनिस्ट ही मानेगा वक्ता को।

**लड़की** : कम्युनिस्टों ने ऐसी माया रची, जैसे उनके अलावा कोई और गरीबी, भुखमरी, उत्पीड़न, जाति विरोध की बात ही नहीं कर सकता, क्योंकि इसका सारा ठेका उन्होंने ले रखा है। आप आगे सुनें—

स्वामीजी कहते हैं—अब चौथी, अर्थात् शूद्र जाति का समय आया है। ...नवभारत का उदय होने दो। उसका उदय हल चलानेवाले किसानों की कुटिया से, मछुए, मोचियों और मेहतरों की झोपड़ियों से हो। बनिये की दुकान से, रोटी बेचनेवालों की भट्टी के पास से वह प्रकट हो। कारखानों, हाटों और बाजारों से वह निकले। वह 'नवभारत' अमराइयों और जंगलों से, पहाड़ों और पर्वतों से प्रकट हो। तुम अदृश्य हो जाओ। अपने

अदृश्य होते ही तुम पुनर्जात भारतवर्ष का वह प्रथम उद्घोष सुनोगे, जिसकी करोड़ों गर्जनाओं से सारे विश्व में यही पुकार गूँजती रहेगी, 'वाहे गुरु की फतह।'

लड़की बोल रही थी और लड़का चकित था, उसकी वाणी में आए तेज और बल से। उसे लगा, जब वह लड़की को सुनकर इतना अभिभूत हो रहा है, तो वे कितने अभिभूत हुए होंगे, जिन्होंने कभी स्वामी विवेकानंद को साक्षात् सुना होगा।

**लड़का** : कम्युनिस्टों ने स्वामीजी के इस पक्ष की उपेक्षा क्यों की ?

**लड़की** : उनकी ये लाइनें सुनें, समझ जाएँगे। स्वामीजी ने इसी लेख में लिखा–भारतवर्ष के इन गरीब, निम्न जातिवालों के प्रति हमारे जो भाव हैं, उनका विचार करने से मेरे अंत:करण में कितनी पीड़ा होती है। उन्हें कोई अवसर नहीं मिलता। उनके बचने का कोई रास्ता नहीं है। वे भी दूसरों के समान मनुष्य हैं, इस बात को वे भूल गए हैं।

लड़की ने पल भर का विराम लिया और फिर कहने लगी, 'कम्युनिस्ट क्यों उनकी उपेक्षा करते हैं, यह अब आप समझेंगे। इसके बाद स्वामीजी लिखते हैं, 'गत कुछ वर्षों के भीतर कुछ विचारशील पुरुषों ने इस बात को देख लिया है, पर दुर्भाग्यवश वे इसका दोष हिंदू धर्म के मत्थे पर मढ़ते हैं और उनको तो सुधार का एक ही उपाय दिखाई देता है कि संसार के इस महत्तम (महानतम) धर्म को कुचल दिया जाए। दोष धर्म का नहीं है। धर्म तो यह सिखाता है कि प्रत्येक प्राणी स्वयं तुम्हारी आत्मा का ही नाना रूपों में विकास है। दोष है—व्यावहारिक आचरण का अभाव, सहानुभूति का अभाव, हृदय का अभाव। इस स्थिति को दूर करना है—धर्म का नाश करके नहीं, वरन् हिंदू धर्म के महान उपदेशों के अनुसार आचरण करके और बौद्ध मत, जो हिंदू धर्म का तर्कसंगत विकास रूप है, उसकी अद्भुत सहानुभूति को उस आचरण के साथ युक्त करके…।'

**लड़का** : स्वामी विवेकानंद का यह लेख तो मुझे लगता है, बहुत से लोगों ने पढ़ा ही नहीं होगा।

**लड़की** : मुझे भी यही लगता है, पर अभी तो और सुनें आप…। पुरोहित और अधिकार विषयक एक अन्य लेख में विवेकानंद यहाँ तक कह जाते हैं कि, 'जिस देश के बड़े-बड़े नेता दो हजार साल से यही विवाद करते आ रहे हैं कि भोजन दाहिने हाथ से किया

जाए या बाएँ हाथ से और पानी दाहिनी ओर से उठाकर पीना चाहिए या बाईं ओर से···यदि ऐसे देश का विनाश न हो तो फिर किसका हो? वे आगे कहते हैं, 'पुरोहिती छल भारतवर्ष के लिए अभिशाप स्वरूप है। ···ब्राह्मणों, क्षत्रियों के अत्याचार अब स्वयं उन्हीं के सिरों पर चक्रवृद्धि ब्याज सहित टूट पड़े हैं। पुरोहिती स्वभावत: निर्दय और हृदयहीन है। ज्यों ही पुरोहिती शुरू हुई, धर्म की अवनति होने लगती है। वेदांत कहता है, हमें अधिकार का विचार त्याग देना चाहिए। वेदांत ही एक निर्भीक धर्मप्रणाली रहा है।'

इसके बाद लड़की कहती है, 'माधव! मैं सनातधर्मी हूँ, मैं समाजवादी हूँ। सनातन धर्म मेरे लिए असीम सकारात्मक ऊर्जा है, मैं अपने धर्म और उसकी मान्यताओं में प्रबल विश्वास रखते हुए सबके प्रति आदर भाव रखती हूँ, मैं समाजवादी हूँ। सनातन धर्मी होने के नाते मैं समावेशी हूँ, मैं समाजवादी हूँ। मैं एक देश-एक कानून में विश्वास रखती हूँ, मैं कश्मीर को भारत का मानती हूँ, मैं मुसलमान औरतों में एक बार में तीन तलाक और हिंदुओं मुसलमानों की परदा प्रथा का विरोध करती हूँ। मैं हिंदुओं में व्याप्त छुआछूत की निंदा करती हूँ, मैं राष्ट्रवादी समाजवादी हूँ।'

**लड़का** : मैं सनातन धर्म की उदार भावना में प्रबल विश्वास रखता हूँ। मैं अपने उन सनातनी पूर्वजों का स्मरण करता हूँ, जिन्होंने अपने राज्य, धर्म, सभ्यता और संस्कृति की रक्षा के लिए सर्वोच्च बलिदान दिया। मैं सैकड़ों साल के उनके संघर्ष को नमन करता हूँ।

मैं राष्ट्रवादी समाजवादी हूँ।

थोड़ी देर दोनों मौन रहते हैं। दोनों स्वामी विवेकानंद का स्मरण कर रहे हैं। मौन मुखर है। मौन की वाणी धर्म की वाणी बन गई है, वह धर्म, जो सबके हित की कामना करता है, सबके सुख की अभिलाषा करता है। धर्म जाग्रत् है। धर्म सहिष्णु है। धर्म मार्गदर्शक है। धर्म समावेशी है। लड़का-लड़की की तरह सोचनेवाला हर व्यक्ति समाजवादी है। सभी में सनातन धर्म की पताका फहरानेवाले स्वामी विवेकानंद का भाव है।

फिर लड़का ही पहले बोलता है—

"यही था भारत, यही है भारत।"

**लड़की** : सदा सहिष्णु भारत की जय।

**लड़का** : आपकी जय। सनातन धर्म में विश्वास रखनेवाले हर उदारमना, जाति व छुआछूत विरोधी और वैज्ञानिकता के पक्षधरों की जय।

**लड़की** : सबकी जय।

**लड़का** : यह बताएँ कि हमने इतनी सारी बातें कीं, पर कोई समाधान भी है क्या आपके पास ?

**लड़की** : विचार हैं। समाधान तो बहुत बड़ा प्रश्न है। यह सरकार को भी करना है और हमको-आपको भी। एक समाधान की चर्चा तो हम लोग करते ही रहे हैं। यह कि शिक्षा, साहित्य, कलाओं और दूसरे सामाजिक क्षेत्रों में कम्युनिस्टों और कथित प्रगतिशीलों ने सत्ता के समर्थन से असत्य और त्रुटिपूर्ण तथ्यों का जो जहर भरा है, उसकी काट तार्किक ढंग से करनी होगी। महाभारत काल में इंटरनेट था, यह कहने से काम नहीं चलेगा। उपेक्षित इतिहास के पन्नों का पुनर्लेखन करना होगा। एक और समाधान हमें अपने भीतर से निकालना होगा। वह है—कुरीतियों के विरोध में खड़े होने का साहस और इच्छाशक्ति। चर्चा करेंगे, लेकिन कल।

**लड़का** : कल कब गुरु ?

**लड़की** : फिर गुरु ! कल मेरा हाफ डे है। कल दिन में करती हूँ, आपको मैसेज।

**लड़का** : दो बजे के बाद करें। तब तक ओ.पी.डी. से फुरसत मिल जाएगी, मुझे।

अगले दिन—

□

# रात गई बात बाकी

**लड़की :** आज बृहस्पतिवार है। नया कपड़ा तो पहन सकते हो, पर बाल न कटाओ।

शनिवार को लोहा न खरीदो और मंगलवार को अंडा-मांस न खाओ।

अपने घर की बला टालनी हो तो चौराहे पर पूजा करो। चौराहे पर क्यों? इसलिए कि सड़क पर पड़ी पूजन-सामग्री पर जिस पहले व्यक्ति का पैर पड़ेगा, बला उसे पकड़ लेगी।

यह क्या है भाई? अपने मंगल के लिए आप तो किसी और के अमंगल की कामना करने लगे!! कैसी निकृष्ट सोच है यह, दूसरा बीमार हो गया तो आप कैसे ठीक हो जाएँगे, कैसे मनुष्य हैं, आप? धर्म का आधार दूसरे के प्रति कल्याण भाव है, पर आपने तो वही छोड़ दिया। आप यह कामना क्यों नहीं करते कि सभी लोग स्वस्थ और सानंद रहें। …और मंगल को अंडा क्यों नहीं खाते आप, मंगलवार यदि बजरंगबली का दिन है तो बाकी छह दिन क्या नोकिया की फैक्ट्री में ढाले गए थे? यदि इतना ही ध्यान है दिनों का तो सोमवार को अंडा क्यों खा लेते हैं, आप? वह तो भगवान् शिव का दिन हुआ। इस तर्क पर तो शनिवार भी बजरंगबली का दिन हुआ और शनि देव का भी। शुक्रवार संतोषी माँ (हालाँकि यह अब विस्मृत देवी हैं) और गुरुवार देवगुरु बृहस्पति और रविवार सूर्यदेव के दिन हुए। तब तो केवल बुधवार का ही दिन बचता है, मांस खाने के लिए।

**लड़का :** नोकिया की फैक्ट्री! वाह! अच्छी उपमा है।

लड़के ने लड़की के लंबे संदेश का जवाब दिया और फिर दोनों शुरू हो गए।

**लड़की :** ऐसी अनगिनत कुरीतियाँ और कुप्रथाएँ हैं, जो सनातन संस्कृति को पिछड़ा और अवैज्ञानिक प्रदर्शित करती हैं। भारत में वह सबकुछ है, जो इक्कीसवीं सदी में भी उसे महान बना सकता है, पर सबसे पहले तो हमें यह आईना देखना होगा कि हम अतीत में भले महान थे, परंतु पिछले सात सौ साल अमेरिका और यूरोप के हैं। आधुनिक आविष्कार वहीं हुए, धार्मिक पुनर्जागरण और औद्योगिक क्रांति भी वहीं आई, सेवा और शिक्षा की नई इबारत भी वहीं लिखी गई और नई दुनिया भी उन्होंने ही खोजी। उन्होंने शिक्षा को रोजगारपरक बना दिया, जबकि हम आज तक शिक्षा का उद्देश्य ही नहीं तलाश सके। परोपकार की हम केवल बातें करते हैं, जबकि पश्चिम में वास्तव में त्याग है। उनके सेलिब्रिटी अपने पास का धन चैरिटी में देते हैं, जबकि हमारे खेल और फिल्मों के सितारे बेसहारा बच्चों के साथ फोटो खिंचा लेने से ही धन्य हो जाते हैं।

**लड़का :** इस तरह तो भारत के सामाजिक, राजनीतिक, आर्थिक और वैज्ञानिक रूप से महान होने में बड़ी कठिनाइयाँ हैं?

**लड़की :** अनेक कठिनाइयाँ हैं। दिखने-सुनने में ये बातें भले छोटी और सामान्य लगें, पर यही छोटी बातें दीर्घकाल में हमारे संस्कारों में रच बस जाती हैं और फिर हम न उन्हें गलत मान पाते हैं और न उनसे मुक्त होने की सोच पाते हैं। इन कुरीतियों का दूसरा और व्यापक असर तब होता है, जब ये शोषण का जरिया बन जाती हैं। इसी कारण, हम वृंदावन और बनारस में विधवाओं को अकेले जीवनयापन करते देखते हैं। यही वे कुरीतियाँ हैं, जिनके कारण केवल तीन-चार दशक पहले तक बहुत से पारंपरिक घरों में स्त्री केवल एक वस्त्र पहनकर रसोई में भोजन बनाती। ब्राह्मण परिवारों में तो यह अमानवीय कृत्य बहुत होता। सर्दी-गरमी में केवल एक वस्त्र पहनकर खाना बनाने वाली स्त्री की मनोदशा, बेचारगी और ग्लानि की क्या कल्पना भी की जा सकती है? यह सारा ड्रामा इसलिए किया जाता, ताकि भोजन शुद्ध रहे।

**लड़का :** यह तो अमानवीय है।

**लड़की :** जिन लोगों ने भोजन या रसोई की शुद्धता के लिए यह कठोर कल्पना की, क्या उन्होंने स्त्री के मन के बारे में भी सोचा होगा? एक कपड़े में तन ढकने की विवशता ने स्त्री को कितना आहत किया होगा, उसे कितना पीछे ढकेल दिया होगा। स्त्री का यही उत्पीड़न उसके पति की मृत्यु के बाद दिखता है, जब दसवें दिन उसे नदी के घाट पर ले जाकर सार्वजनिक रूप से उसके सुहागिन होने के चिह्न पोंछे जाते हैं। स्त्री को उसकी निजता के साथ हम अकेला क्यों नहीं छोड़ सकते?

**लड़का :** एक बात मुझे भी याद आ रही। पिता की अंतिम क्रिया करनेवाले पुत्र को इस सलाह के साथ एक चाकू दिया जाता है कि उसे वह रात को तकिए के नीचे रखकर सोए, जिससे मृतात्मा उसे डरा न सके। कितनी क्रूर विडंबना है। जो पिता जीवन भर अपने पुत्र की मंगलकामना करता रहा, अब उसी को डराने वह आएगा?

**लड़की :** कठिनाई यह है कि इन कुरीतियों को धर्म का गिलाफ पहना दिया गया है, लेकिन यह जान लें कि आडंबर और कुरीति धर्म नहीं। भक्त और भगवान् के बीच में किसी और का बलात् प्रवेश धर्म नहीं। यह संभव ही नहीं कि भक्त और भगवान् के बीच में आनेवाला मानव अपनी विशेष स्थिति का लाभ न उठाए। उसकी दलाली में कभी धन और वैभव होगा तो कभी राजनीतिक लाभ और पद। यही कारण है, जो तीन-चार दशकों से इतने अधिक बाबा और साध्वी दिखने लगे हैं। धर्म को व्यापार बनाकर उसका डंडा-झंडा लहराना धर्म नहीं। मंदिरों में चंदे की बंदरबाँट धर्म नहीं। संत-महंत बनकर बड़ी सी कुरसी पर बैठ जाना धर्म नहीं। महंतई के लिए अदालतों की परिक्रमा धर्म नहीं। मंदिर बनाकर सरकारी भूमि पर कब्जा धर्म नहीं। धर्म है, पीड़ित मानवता के लिए कुछ करना। धर्म है, परहित के काम करना। धर्म है, कुष्ठ रोगियों की सेवा करना। धर्म की ध्वजा लहरानेवाले हिंदू धर्माचार्यों को इस प्रश्न का

उत्तर अवश्य देना चाहिए कि उनमें से कितने लोगों के मठ समाजसेवा, स्वास्थ्य और शिक्षा के क्षेत्र में कुछ नया, कुछ अच्छा कर पा रहे हैं? कर भी पा रहे हैं या नहीं।

आम धर्मावलंबी को भी अपने भीतर झाँकना चाहिए कि उसके दैनिक रूटीन में परोपकार है या नहीं। कहीं वह घंटों भगवान् की मूर्ति के सामने बैठकर घंटी बजाने को तो धर्म नहीं मान बैठा है, धर्माचार्यों को यह भी विचार करना होगा कि आखिर क्यों सेवा और शिक्षा का नाम आते ही हर हिंदू की आँख के सामने मिशनरी अस्पताल और स्कूलों की तस्वीर नाच जाती है? पिछले कुछ वर्षों में यह एक अच्छी बात हुई है कि भारतीयों ने मिशनरी स्कूलों के रंग-ढंग पर ही अच्छे अंग्रेजी स्कूल खोल दिए। इससे मिशनरी स्कूलों पर निर्भरता कम हुई है।

**लड़का :** हिंदुओं को सेवा करने से किसने रोका है। हिंदू संगठन क्यों नहीं ऐसा कर पाते? प्राइवेट होने के बाद भी मिशनरी अस्पताल में इलाज सस्ता होता है, जबकि नर्सिंग होम में इलाज कराने पर कई बार मकान, दुकान बिकने की नौबत आ जाती है। मानवता को सेवा से जीता जा सकता है, थोथे उपदेशों और प्रवचन से नहीं।

**लड़की :** कुछ समय पहले अपने कानपुर में दादानगर की तरफ से किदवईनगर जाना हुआ तो बीच सड़क पर एक विशाल मंदिर मिला। ट्रैफिक मंदिर के दोनों ओर से चल रहा था। खासी चौड़ी सड़क गली में तब्दील हो गई थी। मंदिर ने सार्वजनिक भूमि का अपहरण कर लिया था। यह दृश्य हर शहर-गाँव में दिख जाएगा। सड़क पर पूजा धर्म की बुलंदी का प्रमाण बन गई है। आखिर क्यों, बीच रास्ते बने सारे धर्मस्थल हटाकर एक किनारे नहीं किए जा सकते? अब तो ऐसी तकनीक आम उपलब्ध है। दूसरे देशों में यह काम हो रहा है। वास्तव में, राज्य के धर्मनिरपेक्ष न होने का ही एक पड़ाव सड़क पर बने धर्मस्थल हैं। सुप्रीम कोर्ट ने इन्हें हटाने का आदेश 2013 में दिया था, लेकिन किसी सरकार की हिम्मत नहीं पड़ी, जो इतने वर्षों में इन्हें छू भी ले। बड़ी मेहनत से बने मास्टर प्लान

को राजनीति अपनी तरह से फेंट देती है। भारत जैसी विपुल आबादीवाले देश की पहली आवश्यकता सबके लिए मकान है। सुगम-सुरक्षित यात्रा के लिए चौड़ी सड़कें होनी चाहिए।

**लड़का** : सड़क चलने के लिए होती है, पूजा के लिए नहीं। धर्म हर इंसान का जाती मामला है और उसे सार्वजनिक नहीं होना चाहिए।

**लड़की** : सच यह है, सुप्रीम कोर्ट लाख कहता रहे, सड़कें कभी धर्मस्थलों से खाली नहीं होंगी। वोट और प्राइम पोस्टिंग के लालची भारत के नेताओं और प्रशासकों में इतना साहस नहीं। बड़े-बड़े सेठ और समाज के स्वयंभू पहरुए हैं, जो धर्मस्थलों के निर्माण के लिए चंदा देते हैं, उनके रखरखाव के लिए पैसा खर्च करते हैं, लेकिन अकसर जिस जमीन पर वह धर्मस्थल बना होता है, वह सरकारी होती है। कभी विचार करना चाहिए कि क्यों नहीं लोग पहले जमीन खरीदते और तब उस पर धर्मस्थल बनाते? यूँ कब्जा करके बनाए गए मंदिर कभी ईश्वर तक नहीं पहुँचा सकते। ईश्वर सादगी और समर्पण का प्रशंसक है। दिखावे और दौलत का अंबार इनसान को तो बहका सकता है, ईश्वर को नहीं लुभा सकता।

**लड़का** : अब तो मेरा मंदिर तेरे मंदिर से अच्छावाला भाव भी आ गया है। मंदिरों की सौंदर्य प्रतियोगिता होने लगी है।

**लड़की** : एक और समस्या है। राजभवनों में रोजा इफ्तार और मुख्यमंत्री आवासों में होली मिलन होता है। पर्वों की अदला-बदली भी हो जाती है यानी रोजा इफ्तार मुख्यमंत्री के घर और होली-मिलन राजभवन में। यह ठीक नहीं। यदि सत्ता और राज्य धर्मनिरपेक्ष हैं तो फिर ये आयोजन क्यों? एक तरफ तो आप दूसरों को सांप्रदायिक कहें, जबकि खुद वही काम करते रहें। यूरोप की डार्क एज में चर्च हावी रहा। लगभग एक हजार वर्ष तक चर्च के आदेश राजाओं और अदालतों के ऊपर माने जाते रहे। बीच में धर्मयुद्धों का समय आया। यरुशलम पर कब्जे के लिए मुस्लिमों और ईसाइयों में भीषण संघर्ष हुआ। जिस यूरोप को हम आज देखते हैं और जहाँ लाखों शरणार्थी रहने जाने

के लिए कतारबद्ध हैं, उसका यह स्वरूप वहाँ के धार्मिक, औद्योगिक, सामाजिक और सांस्कृतिक पुनर्जागरण के कारण संभव हो सका। जब यह जागृति आना आरंभ हुई तो चर्च का प्रभाव घटा या यूँ भी कह सकते हैं कि चर्च का प्रभाव घटने के साथ जागृति शुरू हुई। भारत में भी अब बहुत जरूरी हो गया है कि राज्य पंथनिरपेक्ष दिखे। क्या यह नहीं हो सकता कि सरकारी स्तर पर और सरकारी भवनों में केवल 15 अगस्त और 26 जनवरी मनाए जाएँ, धर्म, जब व्यक्तिगत विषय है तो उसमें स्टेट क्यों शामिल हो? लोगों को धर्म का पालन उनके अपने घरों और मंदिरों और मस्जिदों में करने दें, सरकारें क्यों गुझिया और सेवइयाँ खिलाने लगती हैं। जब सरकारें होली और ईद मना रही हैं तो फिर यह सवाल उठना भी लाजिमी है कि बिल्कुल इसी तरह क्रिसमस और गुरु पर्व वे क्यों नहीं मनातीं? ईद और होली क्या सरकारों द्वारा केवल, इसलिए मनाए जाने चाहिए कि इनमें एक त्योहार बहुसंख्यकों का है और दूसरा सेलीब्रेटेड अल्पसंख्यकों का।

**लड़का :** जी। सरकारों द्वारा ओढ़ा गया धर्म का यह छद्म चेहरा भारत की अनेक वर्तमान समस्याओं का मूल है।

**लड़की :** जब सरकार यह करती है तो जाहिर है उसे धर्माचार्यों की जरूरत पड़ती है और तब वही लोग उसके आस-पास दिखने लगते हैं और तब सरकार के निर्णय प्रभावित होते हैं। मध्य प्रदेश में तो कुछ धर्माचार्यों को राज्यमंत्री का दर्जा ही दे दिया गया। जब सरकार यह करना छोड़ेगी तो ही उसके फैसले तटस्थ और सख्त होंगे, पर इसके लिए उसे बहुत हिम्मत जुटानी होगी। सबके साथ बराबरी का बरताव करना होगा। तब कर्मचारियों से यह पूछना पड़ेगा कि जिस काम की तुम तनख्वाह लेते हो, उसे बीच में छोड़कर पूजा करने या नमाज पढ़ने क्यों निकल जाते हो?

**लड़का :** हमारी एक और बुराई है। राष्ट्रीय विभूतियों के जयंती समारोह को ध्यान से देखें तो अधिकतर कार्यक्रम उस राष्ट्रीय धरोहर

की जाति वालों ने किए होते हैं। चित्रगुप्त समाज सुभाष चंद्र बोस और लाल बहादुर शास्त्री की जयंती मनाता है और कुर्मी समाज सरदार पटेल की।

**लड़की :** ठीक प्वाइंट है, आपका। क्षत्रियों ने कुछ वर्षों से राणा प्रताप का कॉपीराइट ले लिया है और ब्राह्मणों को कोई न मिला तो परशुराम जयंती मनाने लगे। इस प्रवृत्ति के लिए खेद ही जताया जा सकता है। इन महान लोगों ने अपना रक्त देश के लिए बहाया था या अपनी जातिवालों के लिए, उन पवित्र आत्माओं ने देश की प्रगति का स्वप्न देखा था या जाति विशेष का? उन्हें छोटा न करें। ब्राह्मण यदि अपने को प्रगतिशील मानता है तो उसे डॉ. अंबेडकर की जयंती धूमधाम से मनानी चाहिए। दलित क्यों केवल दलित विभूतियों की जयंती मनाने की जिद पर अड़ा है? दलित यदि समाज की मुख्य धारा में न होने या कम होने की शिकायत करते हैं तो उन्हें गोपालकृष्ण गोखले या बाल गंगाधर तिलक को सार्वजनिक सम्मान देना चाहिए। देश की साढ़े पाँच सौ रियासतों का भारत में विलय करनेवाले सरदार पटेल हों या भगत सिंह, चंद्रेशखर और अशफाकउल्ला खाँ, दुनिया को नया आर्थिक दर्शन देनेवाले गांधी या साक्षात् ऋषि डॉ. ए.पी.जे.. अब्दुल कलाम—ये सब जाति, धर्म और काल से परे हैं। इन्हें बंधन में न बाँधें।

**लड़का :** इनके जयंती या पुण्यतिथि समारोह सबके हैं और देश हित में सभी को इन्हें मनाना चाहिए। कोई अपने को देशभक्त कहता है और जाति में सीमित रह जाता है तो ऐसी देशभक्ति किसी काम की नहीं।

**लड़की :** देश के सामने एक बड़ी कठिनाई राजनीति की है। समाजवादियों और भाजपा ने हमेशा कांग्रेस पर परिवारवाद का आरोप लगाया। इसी नारे पर चुनाव तक लड़े गए, पर आज कौन सी ऐसी पार्टी है, जिसमें भाई-भतीजावाद नहीं। भाजपा के साथ मायावती सरकार बना चुकी हैं, पर जैसे ही कुरसी से हटती हैं, भाजपा उनके लिए सांप्रदायिक हो जाती है। नीतीश कुमार ने भाजपा के

साथ बिहार में सरकार चलाई, पर जब लालू यादव से दोस्ती हो गई तो उनके लिए भाजपा सांप्रदायिक हो गई, लेकिन जब फिर लालू फैमिली से मोह टूटा तो फिर भाजपा का सहयोग ले लिया। विजय माल्या देश छोड़कर भागे तो भाजपा क्या केवल यह कहकर दोषमुक्त हो सकती है कि माल्या को कांग्रेस का भरपूर समर्थन मिला? केजरीवाल ने राजनीति में बदलाव की बात की, लेकिन वह भी अब बखूबी जाति और धर्म की राजनीति करते हैं। उनकी पार्टी की सुबह-शाम आरोप लगाने में बीतती है। कम्युनिस्ट हैं, जिन्होंने बंगाल में कुछ नहीं किया, लेकिन एकतरफा और प्रदूषित ज्ञान बाँटना अपना कॉपीराइट समझते हैं। भारतीय राजनीति के यही प्रबल विरोधाभास उसके प्रति नई पीढ़ी में वितृष्णा पैदा करते हैं। राजनीति अब विषाक्त, आरोप प्रधान और धंधा है। जाति, धर्म और वर्ग के नाम पर लाभ कमाने का धंधा।

**लड़का** : ऐसा धंधा, जो कभी-कभी लगता है कि इंसानी रक्त की पूँजी से चलता है और जिसका मुनाफा इंसानियत का कटा हुआ दिल है। कभी कोई नेता भारत माँ को डायन कह देता है और कभी किसी के यहाँ बोरों में नोट निकलने की खबरें आती हैं। जेल जाते समय नेता यूँ हाथ हिलाते हैं, मानो तीर्थयात्रा पर जा रहे हैं। जनता भरपूर समझती है कि अमुक नेता ने पैसा खाया, नेता सजा भी पा जाता है, पर उसके चेहरे पर कभी पश्चात्ताप नहीं होता। कोई ऐसी सरकारी योजना नहीं, जिसमें भ्रष्टाचार नहीं। राजनीति का कॉमन एजेंडा क्या है?

**लड़की** : पिछले बरसों में राजनीति अत्यंत निचले स्तर पर चली गई है। देश के टुकड़े करने के हिमायतियों को नायक नहीं बनाया जाना चाहिए। विरोध जब केवल विरोध के लिए होने लगे तो वह उद्देश्यहीन हो जाता है। नेता बहुत मेहनत करते हैं। उनके जैसा धैर्य किसी के पास नहीं। उनकी समझ जमीनी होती है। जो कार्यकर्ता दरी बिछाकर आगे बढ़ा होता है, उसकी राजनीतिक समझदारी अतुल्य होती है। राजनीति के प्रखर वक्ताओं को

संसद में सुनना आनंददायक है, लेकिन क्यों नहीं सारे दल देशहित का ऐसा कॉमन एजेंडा बनाते हैं कि सरकार कोई रहे, देश व जनहित सर्वोपरि हो?

**लड़का** : यह दबाव जनता को ही बनाना होगा...काम के आधार पर वोटिंग को अपनी आदत बनाकर।

**लड़की** : भारत के सामने एक चुनौती आरक्षण भी है। अपने अभी तक के जीवन में ऐसा तो कोई कथित सवर्ण मुझे न मिला, जिसने जाति प्रथा को खराब न कहा हो या यह न माना हो कि दलितों या शूद्रों के साथ जो किया गया, वह गलत न था।

**लड़का** : मुझे ऐसे सवर्ण भी मिलते रहते हैं, जिन्हें इस बात से कोई अंतर नहीं पड़ता था कि उनका जन्म किस जाति में हुआ, यानी जाति जिनके लिए अभिमान का विषय नहीं। यह अच्छी बात है। कभी-कभी मेरे पिता खुश होकर कहते थे कि जाति का जो अपमान उन्होंने झेला है, वह उनके बच्चों को नहीं झेलना पड़ रहा। वह यह भी कहते थे कि उनके बच्चों की संतान जब तक विवाह योग्य होगी, भारत में जाति का अहंकार बहुत कम हो चुका होगा।

**लड़की** : आपके पिता तो बहुत अलग थे। भारत की जाति व्यवस्था यूरोप की दास प्रथा जैसी थी या नहीं, यहाँ शूद्र बंधुआ होते थे या नहीं, यह अलग बहस का विषय है और यह कभी समाप्त नहीं होगा, पर इसमें तो कोई संदेह नहीं कि ऐसे बहुत से उदाहरण हैं, जहाँ किसी के जन्म ने उसे हीन कर दिया। सदियों के उस शोषण के कारण दलित आज भी जिन हालात में रहने को विवश हैं, आज भी उनका मंदिरों में प्रवेश जिस तरह खबर बनता है, उस कारण मैं दलितों को आरक्षण के पक्ष में हूँ, लेकिन केवल एक बार।

**लड़का** : यह तो सही है कि आरक्षण अब राजनीति है। यह सबको चाहिए। कुछ वर्ष पहले जैन समुदाय ने माँगा था। जाटों को चाहिए और मुसलमानों को भी चाहिए। क्यों भला! जिसने हिंदुओं की जाति प्रथा से ऊबकर मुसलमान या ईसाई हो जाना कुबूल कर लिया, वे अब क्यों दलितों का हिस्सा बाँटना चाह

रहे हैं? आपने धर्म छोड़ा तो जाति भी छोड़िए। बहुत दुर्भाग्यपूर्ण है कि केवल आरक्षण के लिए मुसलमान और ईसाई भी अपने को दलित कहलाना चाहते हैं। जब आप हिंदू धर्म छोड़कर किसी और धर्म में जा चुके हैं तो वहीं रहें। चित भी मेरी पट भी मेरी। पिछड़ों को भी आरक्षण चाहिए, जबकि चारों वर्णों में पिछड़ा कोई वर्ण नहीं था, लेकिन वे भी अपने को शोषित कहलाना चाह रहे हैं।

**लड़की** : आरक्षण अब ऐसी मिठाई हो गई है, जिसे हर कोई खाना चाहता है। आरक्षण को लागू हुए अब बहुत साल हो गए और इस बात पर श्वेतपत्र जरूर आना चाहिए कि जिन्हें यह मिला, वे समाज की किस सीढ़ी पर हैं? सत्य यह है कि पिछले दो दशकों में दलितों की एक पूरी पीढ़ी अपने अपार श्रम व मेधा की बदौलत आगे आई है। दलितों के इंडस्ट्रियल चैंबर्स खुल गए हैं। अब यह समय आ गया है कि आरक्षण केवल दलितों को मिले और उनमें भी आर्थिक आधार पर। जिसे एक बार मिल गया और लगातार बीस वर्ष तक मिला रहा, उसके बच्चों को अब नहीं मिलना चाहिए। अब बहुत से ऐसे दलित हैं, जिनके विवाह सवर्णों में हुए। किसी का लड़का सवर्णों में ब्याहा गया तो किसी की लड़की। उनके बच्चों को क्यों मिले आरक्षण? अब तो पदोन्नति में भी आरक्षण माँगा जाने लगा है। अब ऐसा रास्ता निकाला जाना चाहिए, जो अति दलितों को हर हाल में आरक्षण दे सके, लेकिन उनके साथ ही हर जाति के विपन्न को भी यह दिया जाना चाहिए। यह भी तय हो जाना चाहिए कि 2035 में दिव्यांगों और पूर्व सैनिक आश्रितों जैसी कुछ श्रेणियों को छोड़कर आरक्षण पूरी तरह समाप्त कर दिया जाएगा।

**लड़का** : सहमत हूँ। आरक्षण की जब कल्पना हुई तो उसे सत्ता पाने का हथियार नहीं, बल्कि सामाजिक परिवर्तन का सशक्त माध्यम माना गया था।

**लड़की** : भारत की एक बड़ी चुनौती आई.ए.एस. बिरादरी भी है। थोड़ा पीछे चलें और याद करें कि भारत के इस सर्वाधिक

महिमामंडित वर्ग के एक रिटायर्ड सदस्य ने दिल्ली में बयान दिया था कि आई.ए.एस. को सेना से बेहतर सुविधाएँ मिलनी चाहिए, क्योंकि सेनाएँ भाग्यशाली हैं, जो छावनी में रहती हैं, जबकि आई.ए.एस. को दिन भर पब्लिक से जूझना पड़ता है। उनसे किसी ने पूछा नहीं कि आई.ए.एस. से भी सर्वोच्च बलिदान देने की अपेक्षा रहती है क्या? उन्होंने बर्फीली चोटियों पर गोलियों की बौछारें झेलनेवाले सिपाहियों के बारे में भी नहीं सोचा। उन्होंने यह तथ्य भी अनदेखा कर दिया कि सैनिक हर समय छावनी में नहीं रहता। आई.ए.एस. बिरादरी सबकुछ समेट लेना चाहती है और वह भी बिना जवाबदेही के। किसी ने एक बार कहा था कि भारत के करीब साढ़े छह सौ जिलों को सुधारने के लिए देश को केवल साढ़े छह सौ डी.एम. चाहिए। हमारी सामंती व्यवस्था, सामंती सोच में जिलाधिकारी का पद सर्वाधिक अभीष्ट है, लेकिन आजादी के बाद से अब तक साढ़े छह सौ समर्पित और लगनशील अधिकारी देश को नहीं मिल सके। यह तो पिछले दशक भर से आई जागृति का परिणाम है, जो इस वर्ग के भ्रष्ट जेल जाने लगे हैं, उनके कारनामे भी खुलने लगे हैं। यही वह वर्ग है, जिसके लोग नेताओं को जमीन और संपत्ति का लालच दिखाते हैं और उन्हें हासिल करने के तरीके सुझाते हैं। सत्ता कोई हो, नौकरशाह उसके इर्द-गिर्द रहने की कला जानते हैं। लोकतंत्र में विधायिका सर्वोच्च है। हमारे यहाँ भी है, पर आई.ए.एस. की गिरफ्त में है। इनकी जकड़ ऐसी है कि दूसरी सेवाओं की बात ही छोड़िए, एक ही परीक्षा पास करनेवाला आई.पी.एस. भी इनके आगे हेठा हो जाता है। अपने लिए उसे भी इनका ही मुँह देखना होता है। यह ठीक नहीं। कोई भी व्यवस्था किसी एक व्यक्ति या वर्ग पर आश्रित नहीं होनी चाहिए। अधिकारों और दायित्वों का समान बँटवारा ही देश को आगे ले सकता है।

**लड़का :** आई.ए.एस. आज के नौकरीशुदा ब्राह्मण हैं और यदि वे हर सुविधा चाहते हैं और पाते भी हैं तो उनकी जवाबदेही भी सबसे

अधिक होनी चाहिए, पर यह बताएँ मीडिया के बारे में आपके विचार क्या हैं?

**लड़की :** प्रायः सुनने में आता है कि अमुक पत्रकार के पास फार्महाउस है, अमुक के पास फलानी सी.एन.एफ. है, अमुक के पास लंबी कारें हैं, अमुक का नाम दलाली में आया है और अमुक पत्रकार का बड़ा जलवा है, क्योंकि उसके घर पर अफसरों, अभियंताओं और पुलिसवालों की लाइन लगती है। स्वनामधन्य विद्यार्थीजी, पराड़करजी का नाम नए पत्रकार शायद पुस्तकों में पढ़ लेते होंगे, लेकिन कलमकारों की जिस नई ब्रीड की विशेषताएँ मैंने ऊपर गिनाईं, मासूम युवा पीढ़ी उन्हें ही देखने को अभिशप्त है। ये पत्रकार सत्ता के गलियारों में टहलते हैं, लेकिन जरा सी प्रतिक्रियारूपी सर्दी–गरमी लग जाए तो चौथे खंभे पर खतरा देखने लगते हैं। मीडिया अब आदर से उतना नहीं देखा जाता, जितना भय और लालच से। पत्रकार यह भूल गए कि भाग्य ने उन्हें समय के मंच पर प्रतिष्ठित होने का अपूर्व अवसर दिया है। पराभव है यह, खासकर टी.वी.। प्रिंट तो अब भी गनीमत है, किंतु टी.वी. समाचार हास्यास्पद हैं। दिल्ली उनके लिए भारत है, जिसके मौसम, सरकार, समस्याओं, ट्रैफिक और आंदोलनों के आगे वे निकलना ही नहीं चाहते। सर्वज्ञाता होने का भ्रम पाले टी.वी. बहस प्रस्तोता सर्वश्रेष्ठ पत्रकार होने की गलतफहमी भी पाल बैठे हैं। सहिष्णुता, देशप्रेम, गद्दारी, वकीलों की अराजकता आदि पर पिछले वर्षों में जो भी टी.वी. पर चला, बहुत सतही और एक पक्षीय था। टी.वी. पत्रकारों को जेएनयू के एक छुटभैये नेता में मार्क्स की छाया दिखती है। समस्या यह कि बहुत से पत्रकारों ने पढ़ना छोड़ा है। उनका सोशल कनेक्ट लुप्त हो चुका है। तकनीक उन्हें आलसी बना रही है। वे नए शब्द नहीं ला पा रहे। आँचलिकता और शोध गायब हो रहा है उनकी कलम और कैमरे से, लेकिन फिर भी नौकरी तो करनी ही है, इसलिए सनसनी परोसते हैं, क्योंकि वह रेडीमेड मिल जाती है।

**लड़का :** मैं कुछ पत्रकारों को जानता हूँ। अच्छे-बुरे दोनों तरह के पत्रकारों को जानता हूँ। पत्रकारिता आसान नहीं। कम पैसे और अधिक मेहनत से किया जानेवाला यह काम अच्छे पत्रकार को वही सुख देता है, जो एक दक्ष सर्जन को अच्छे ऑपरेशन के बाद मिलता है। रचनात्मक होने का आनंद दुर्लभ है, लेकिन समाज को आईना दिखानेवाले खुद शीशे से मुँह छिपाते हैं।

**लड़की :** अंत में कुछ बातें अपनी, आपकी और हम सबकी।

**लड़का :** मतलब ?

**लड़की :** अपने आप से एक बार यह पूछें कि आप कैसे नागरिक हैं, आप केवल अपने आराम से मतलब रखते हैं या दूसरों के लिए भी कुछ सोचते हैं ?

**लड़का :** कुछ और स्पष्ट करें।

**लड़की :** 'दूसरों' में आपके पड़ोसी, नल से आता पानी और आपके आँगन में आना छोड़ चुकी गौरैया सभी शामिल हैं। इसलिए सोचिए कि आप या आपका ड्राइवर अपनी मोटरसाइकिल या कार गीले कपड़े से पोंछते हैं या प्रेशर पाइप से बड़ी देर तक धारोधार पानी डालकर उसकी सफाई करते हैं ? ट्रैफिक नियमों का पालन करते हुए लाइसेंस और गाड़ी के कागज दुरुस्त रखते हैं या नहीं या फिर खुद तो यह करते नहीं, पर आपको अनुशासन में लाने के लिए प्रयासरत सिपाही को हिकारत से देखते हैं, आपके लॉन/बालकनी या आँगन (यदि वह बचा हो) में चिड़िया आती हैं या नहीं, काली चमड़ी के प्रति अपने मन में क्या भाव पाते हैं, आप, क्या आप सड़क पर पान थूकते हैं, क्या आप ट्रेन में गंदगी करते हैं, अपने पड़ोसी के साथ आपके संबंधों में गर्माहट है या वे महज औपचारिक रह गए हैं ?

**लड़का :** बहुत अच्छी बात कही आपने। हम अपने अधिकारों के प्रति तो जागरूक हैं, पर उतने ही सचेत अपने कर्तव्यों के प्रति नहीं हो सके। साधन संपन्न, सोशल मीडिया पर सक्रिय साक्षरों को खुद से यह सवाल अवश्य पूछना चाहिए।

**लड़की :** समर्थ लोगों द्वारा नियमों की उपेक्षा के बहुत से दृश्य हमें नित्य

के जीवन में दिखते हैं। अपने मित्रों, परिचितों से कहें कि वे कृपया यह न करें।

अगले दिन उनमें कोई संवाद नहीं होता। दूसरे दिन, रात में लड़की का मैसेज आता है और वह पूछती है, लड़का आज खामोश क्यों है? लड़का बताता है, उसे आज तेज बुखार है। लड़की चितिंत हो जाती है और जब उसे यह पता चलता है कि लड़के ने दवा भी नहीं ली है तो वह तत्काल उसका फोन मिला देती है।

**लड़की** : दवा क्यों नहीं ली आपने?

**लड़का** : बस, ऐसे ही।

**लड़की** : यह क्या बात हुई, दवा लें। वह तो आपके पास खैर होगी ही, पर खाना क्या खाया, आपने?

**लड़का** : खाना तो नहीं खाया। बनाने वाली अम्माँ आईं नहीं और अपने अकेले के लिए बाजार कौन जाए?

**लड़की** : क्या कहा! आपने कुछ खाया नहीं? अपना पता बताइए।

लड़की के स्वर में इतना अधिकार भाव था कि लड़का बरबस ही अपने तिलक नगरवाले फ्लैट का पता बता देता है। एक घंटे बाद लड़की का कोई हरकारा खाना और कुछ फल लेकर लड़के के घर प्रकट हो जाता है। बुखार मौसमी था तो तीन दिन बाद उतर गया। इस बीच लड़की लगातार उसका हाल लेती रही। कई बार फोन किया, उसने। यह हमदर्दी लड़के को बहुत अच्छी लगी।

इसके बाद लड़का-लड़की में बहुत सारी बातें होती हैं। नहीं-नहीं, बहुत सारी बातों का संदेशों में आदान-प्रदान होता है। करीब एक घंटे की इस मैसेजिंग के बाद लड़का यह कहकर अनुमति लेता है कि उसे कहीं पहुँचना है। फिर यूँ ही लड़का लड़की का फोन मिला देता है और बिना किसी भूमिका के कहता है—

"…और आप तो मेरे साथ कॉफी पी नहीं सकतीं। अभी मैं कहूँ तो दुनिया के काम याद आने लगेंगे आपको।"

लड़की हँसती है।

लड़का हँसता है।

दोनों हँसते हैं।

□□□